【 学 研 ニ ュ ー コ ー ス 】

中2英語

♪マークの付いている英文の音声は，2通りの方法で再生できます。
利用環境や用途に合わせてお選びください。

 アプリ「マイオトモ」

音声再生アプリをご利用の方は下記へアクセスしてください。

URL:https://gakken-ep.jp/extra/myotomo/

＊音声を端末にダウンロードすればオフラインでもご利用可能です。

 ストリーミング再生

各ページ右上の二次元コードを読み取ってください。

【ご注意】
• オフラインでは利用できません。
• 二次元コードを読み取るためのアプリ等が必要です。

アプリの利用やストリーミング再生は無料ですが，通信料はお客様のご負担になります。
お客様のネット環境および端末の設定等により，音声を再生できない場合，当社は責任を負いかねます。

Gakken

はじめに

『学研ニューコース』シリーズが初めて刊行されたのは，1972（昭和47）年のことです。当時はまだ，参考書の種類も少ない時代でしたから，多くの方の目に触れ，手にとってもらったことでしょう。みなさんのおうちの人が，『学研ニューコース』を使って勉強をしていたかもしれません。

それから，平成，令和と時代は移り，世の中は大きく変わりました。モノや情報はあふれ，ニーズは多様化し，科学技術は加速度的に進歩しています。また，世界や日本の枠組みを揺るがすような大きな出来事がいくつもありました。当然ながら，中学生を取り巻く環境も大きく変化しています。学校の勉強についていえば，教科書は『学研ニューコース』が創刊した約10年後の1980年代からやさしくなり始めましたが，その30年後の2010年代には学ぶ内容が増えました。そして2020年の学習指導要領改訂では，内容や量はほぼ変わらずに，思考力を問うような問題を多く扱うようになりました。知識を覚えるだけの時代は終わり，覚えた知識をどう活かすかということが重要視されているのです。

そのような中，『学研ニューコース』シリーズも，その時々の中学生の声に耳を傾けながら，少しずつ進化していきました。新しい手法を大胆に取り入れたり，ときにはかつて評判のよかった手法を復活させたりするなど，試行錯誤を繰り返して現在に至ります。ただ「どこよりもわかりやすい，中学生にとっていちばんためになる参考書をつくる」という，編集部の思いと方針は，創刊時より変わっていません。

今回の改訂では中学生のみなさんが勉強に前向きに取り組めるよう，等身大の中学生たちのマンガを巻頭に，「中学生のための勉強・学校生活アドバイス」というコラムを章末に配しました。勉強のやる気の出し方，定期テストの対策の仕方，高校入試の情報など，中学生のみなさんに知っておいてほしいことをまとめてあります。本編では新しい学習指導要領に合わせて，思考力を養えるような内容も多く掲載し，時代に合った構成となっています。

進化し続け，愛され続けてきた『学研ニューコース』が，中学生のみなさんにとって，やる気を与えてくれる，また，一生懸命なときにそばにいて応援してくれる，そんな良き勉強のパートナーになってくれることを，編集部一同，心から願っています。

学研プラス

２年生になるとだんだん文法が
複雑になってきて
気が付くと英語が少し苦手になっていた

うおっ！

ピーッ!!

はい
そこー！

なーに
今のプレーは？

すみません！

本条 紗理奈
英語教師
ソフトテニス部顧問

先生！

明人のやつ
英語の成績が悪くて
悩んでて…！

…OK
練習が終わったら
話そうか

は、はい…

なるほどねー
勉強してるけど
なかなか点数に
つながらないってことか！

そうなんです

文法も単語も
覚えられないし

take → took ?

study → studied ?

say → said ?

見るのも
嫌になって
きちゃって…

is / was

ふーん…

do / does ?

ねえ
明人くん
洸士郎くん

これ、英語で
なんて言う？

なんてって

ボール
…じゃないん
ですか？

そう、tennis ball
これ覚えるのって
そんなに難しく
なかったでしょ？

なんでだと思う？

だって中学に上がる前からよく聞いていた単語ですよ「覚える」とかじゃないですよ

ほぼ日本語みたいなもんだしイージーすぎるよな！

でしょ？

こく

out

backhand

難しいやつだと fault とかテニス部の君たちには聞き慣れた言葉だろうけどこれも全部英語

案外生活の中に浸透しているものなのよ

言われてみれば…でも先生それと俺の成績って関係ありますか？

明人くんはさ「英語だー！」ってかまえすぎて

英語と自分との間に壁を作っちゃってるのよ

うんうん…よし！

これから一週間君たちに課題を出します！

えぇ〜〜〜!?

俺まで!?

9

紗理奈先生が出した課題は
「日常の中で見つけた英語をメモに取って
見つけた数を競い合う」というものだった

さて
どっちが多く
見つけてくる
かしらね〜

…なんて
言われたときは
面倒だなって
思ったけど…

〜駅〜

ガタタン

The
next stop is ─

「次に停まるのは…」
ってことか

〈メモ
The next stop
is ─

こうして見ると
中学に入る前から
聞いてる表現
だったんだな

ベター…

えーっと
better ね！

よし
1個みっけ！

身の回りの英語探しは
ちょっとした遊びみたいで
結構楽しかった

そしてあっという間に
一週間は過ぎ…

一週間後

さて身の回りの英語
いくつ見つかった？

俺76語！

俺は83語
見つかりました！

よく頑張ったじゃない！
まだ英語は苦手な
感じする？

いや　正直
結構面白かったです！
最初は英語ってだけで
嫌でしたけど…

でも意外と
自分の知ってる単語も
いっぱいあって

ちょっと自信が
持てるように
なりました！

少なくともふだんから
使ってない言葉って
感じはもうないです！

11

難しい単語や
文法が出てきたら
苦戦もするけど

前よりは
頑張ってると思う

もし今後
つまずいても
今度は大丈夫
だと思う

なぜなら―

今の
よかったわよ！

それを
言うなら

Good job!
…でしょ！

―俺にとって
英語はもう身近な言葉に
なったんだから

本書の特長と使い方

各章の流れと使い方

解説ページ

本文

本書のメインページです。基礎内容から発展内容まで，わかりやすくくわしく解説しています。英文は音声を聞いて発音を確認するようにしましょう。

問題

定期テスト予想問題

学校の定期テストでよく出題される問題を集めたテストで，力試しができます。

本文ページの構成

基本例文

各項目の学習のカギとなる基本的な例文です。

ここで学習すること

各項目で身に付けたいポイントを簡潔にまとめてあります。

♪01 音声

このマークのある英語はスマートフォンで音声を再生できます。
※音声の再生方法についてくわしくはこの本のp.1をご覧ください。

1　過去進行形とは

過去進行形の意味と形

基本例文

I was talking with Alex then. ♪01

（私はそのときアレックスと話していました。）

ここで学習すること　「（過去のある時点に）〜していました」と言うときは、be動詞の過去形（was, were）のあとに動詞のing形を続けます。

| 過去形 | I | talked with Alex. | （私はアレックスと話しました。） |
| 過去進行形 | I was talking with Alex. | （私はアレックスと話していました。） |

〔be動詞＋動詞のing形〕にする

1　ふつうの過去形とのちがい

「そのとき、ちょうどテニスをしていました」「そのときは眠っていました」のように、過去のある時点で、ある動作をしている最中だったことを表すときは過去進行形という形を使います。

過去形
I talked with Alex.
私はアレックスと話しました。

過去進行形
I was talking with Alex then.
私はそのとき、アレックスと話していました。

「あのとき」「あの瞬間」を表すときに使うんだ

▶すでに終わったできごとを伝える。　▶過去のある瞬間に何をしていたのかを表す。

今までに学習した一般動詞の過去形では、「ちょうどそのとき〜し

be動詞を忘れずに

進行形の文ではbe動詞を忘れないようにしましょう。
× He playing tennis.
○ He was playing tennis.

58

本書の特長

| 教科書の要点が
ひと目でわかる | 授業の理解から
定期テスト・入試対策まで | 勉強のやり方や，
学校生活もサポート |

特集

章末コラム

学んだ文法を使って，身近な生活シーンでどんな表現ができるか紹介します。

勉強法コラム

やる気の出し方，テスト対策の仕方，高校入試についてなど，知っておくとよい情報を扱っています。

入試レベル問題

高校入試で出題されるレベルの問題に取り組んで，さらに実力アップすることができます。

＋

**重要単語暗記
ミニブック**

この本の最初に，切り取って持ち運べるミニブックがついています。テスト前の最終チェックに最適です。

ている最中でした」という意味は表せないことに注意してください。

2 過去進行形の形

過去進行形は，be動詞と動詞のing形（→p.60）を使って表します。be動詞は主語によって，was, wereを使い分けます。

主語	be動詞	
I	was	
You	were	playing
He / She / It など3人称単数	was	など，動詞のing形
We / They など複数	were	

~.

I slept for eight hours last night. ♪02
（私は昨夜，8時間眠りました）

I was sleeping then.
（私はそのとき眠っていました）

We watched a soccer game yesterday.
（昨日，私たちはサッカーの試合を見ました）

We were watching a soccer game then.
（私たちはそのとき，サッカーの試合を見ていました）

参考 時を表す語句

過去進行形の文では「どの瞬間の動作だったのか」を表すために，次のような語句がよく使われます。
・then（そのとき）
・at that time（そのとき）
・〈at＋時刻〉（〜時に）
　at three（3時に）
・when（〜したとき）（→p.147）
　when I got up
　（私が起きたとき）

くわしく 進行形にしない動詞

進行形は，何かの「動作をしている最中」であることを表すための形なので，動作を表さない動詞は，ふつうは進行形にしません。
次の動詞は動作ではなく「状態」を表すので，進行形にしません。
・have（持っている）
・know（知っている）
・like（好きである）
・love（愛している）
・want（ほしがる）
・see（見える）
・hear（聞こえる）

3章 過去進行形

チェック問題

次の＿＿に適する語を入れましょう。

(1) 私はそのとき，お風呂に入っていました。
I ＿＿＿＿＿＿＿＿＿＿ a bath then.

(2) 今朝は雨が降っていました。
It ＿＿＿＿＿＿＿＿＿＿ this morning.

(3) 私たちはそのとき，あなたのことを話していました。
We ＿＿＿＿＿＿＿＿＿＿ about you then.

解答

(1) was, taking
　▶「風呂に入る」は take a bath で表す。

(2) was, raining

(3) were, talking

59

サイド解説

本文をより理解するためのくわしい解説や関連事項，テストで役立つ内容などを扱っています。

 くわしく 本文の内容をよりくわしくした解説。

発展 発展的な学習内容の解説。

テストで注意 テストでまちがえやすい内容の解説。

✔**確認** 学んだ内容を再確認する解説。

参考 本文の内容に関連する事柄を解説。

 リスニング スピーキング リーディング ライティング

英語の4技能（聞く・話す・読む・書く）を伸ばすための実践的な解説。

チェック問題

各項目で学習した内容を理解できたかどうかを確認するための問題です。解答はすぐ右側に掲載しています。

学研ニューコース

Gakken New Course
for Junior High School
Students

中2英語

もくじ

Contents

1章　現在形（中1の復習）

2章　過去形

11 章　受け身

12 章　〈to＋動詞の原形〉の発展

13 章　その他の学習事項

14 章　品詞の整理

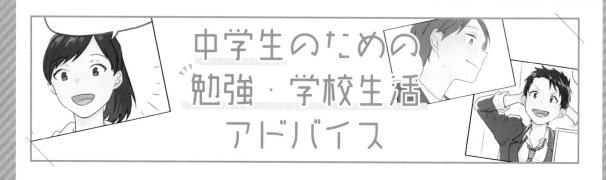

中学生のための勉強・学校生活アドバイス

気を抜かずに実力をつけよう

　中2にもなると学校生活にも慣れ，生活のリズムが確立されている人が多いでしょう。一方で，**なんとなくやる気が出ない「なかだるみ」が起きやすい時期でもあります。**

　勉強面では，中1と比べて学習する量がさらに増え，ペースも早くなります。また，部活動もさらに忙しくなるでしょう。そのため，授業についていける人と，ついていけない人の差が大きく広がります。

　中2のときにさぼらず，コツコツと勉強をする習慣を作れた人は，中3になって，受験勉強が始まってもしっかりと頑張れるはずです。

中2の英語の特徴

　中1英語では，小学英語で聞いたことのある表現が多かった一方，中2英語では聞き慣れない新しい表現に出合うことが多くなります。また「助動詞」「不定詞」「文型」など，難しそうな文法用語がたくさん登場します。**中2は英語が得意になるか苦手になるかの分岐点と言っても過言ではないかもしれません。**ですが，考え方を変えると，英語で表現できることがどんどん豊かになる学年でもあります。見たことのない表現に出合ったとき，まずは**その表現がどんなシーンで使われるのか想像してみるのがよいでしょう。**初めて触れる表現だからこそ，何度も聞いて，書いて，利用シーンを想像することが大切です。

ふだんの勉強は「予習→授業→復習」が基本

　中学校の勉強では，**「予習→授業→復習」の正しい勉強のサイクルを回すことが大切**です。

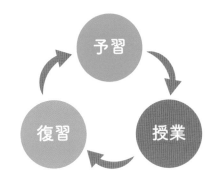

☑ 予習は軽く。要点をつかめばOK！

　予習は1回の授業に対して5〜10分程度にしましょう。完璧（かんぺき）に内容を理解する必要はありません。「どんなことを学ぶのか」という大まかな内容をつかみ，授業にのぞみましょう。

☑ 授業に集中！ わからないことはすぐに先生に聞け!!

　授業中は先生の説明を聞きながらノートを取り，気になることやわからないことがあったら，授業後にすぐ質問をしに行きましょう。

　授業中にボーっとしてしまうと，テスト前に自分で理解しなければならなくなるので，効率がよくありません。**「授業中に理解しよう」としっかり聞く人は，時間の使い方が上手く，効率よく学力を伸（の）ばすことができます。**

☑ 復習は遅（おそ）くとも週末に。ためすぎ注意！

　授業で習ったことを忘れないために，**復習はできればその日のうちに。それが難しければ，週末には復習をするようにしましょう。**時間を空けすぎて習ったことをほとんど忘れてしまうと，勉強がはかどりません。復習をためすぎないように注意してください。

　復習をするときは，教科書やノートを読むだけではなく，問題も解くようにしましょう。問題を解いてみることで理解も深まり記憶（きおく）が定着します。

定期テスト対策は早めに

　中1のときは「悪い点を取らないように」とドキドキして，しっかりと対策をしていた定期テストも，中2になると慣れてくるでしょう。しかし，慣れるがあまり「直前に勉強すればいいや」と対策が不十分になってはいけません。定期テストが重要であることは中1でも中2でも変わりません。毎回の定期テストで，自己ベストを記録するつもりでのぞみましょう。

　定期テストの勉強は，できれば2週間ほど前から取り組むのがオススメです。部活動はテストの1週間前から休みに入るところが多いようですが，その前からテストモードに入るのがよいでしょう。「試験範囲を一度勉強して終わり」ではなく，二度・三度とくり返しやることが，良い点をとるためには大事です。

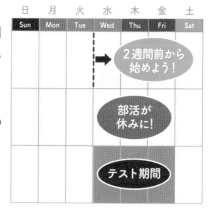

中2のときの成績が高校受験に影響することも！

　内申点という言葉を聞いたことがある人もいるでしょう。内申点は定期テストの点数と授業態度を合わせて，各教科の5段階の評定（成績）をもとに計算した評価で，高校入試で使用される調査書に記載されます。1年ごとに，実技教科を含む9教科で計算され，たとえば，「9教科すべての成績が4の場合，内申点は4×9=36」などといった具合です。

　公立高校の入試では，「内申点＋試験の点数」で合否が決まります。当日の試験の点数が良くても，内申点が悪くて不合格になってしまうということもあるのです。住む地域や受ける高校によって，「内申点をどのように計算するか」「何年生からの内申点が合否に関わるか」「内申点が入試の得点にどれくらい加算されるか」は異なりますので，早めに調べておくといいでしょう。

　「高校受験なんて先のこと」と思うかもしれませんが，実は**中1や中2のときのテストの成績や授業態度が，入試に影響する場合もあるのです。**

1章

現在形
〈中1の復習〉

be動詞の現在形

「〜です」などの意味で，イコールでつなぐ働きをするbe動詞の文

基本例文

♪ 01

I'm a junior high school student.

（私は中学生です。）

ここで 学 習 すること

「〜です」と言うときは，be動詞の現在形のam, are, isを使います。
am, are, isは主語によって使い分けます。

主語がI	**I am a student.**	（私は生徒です。）
主語がyouか複数	**You are nice.**	（あなたは親切です。）
主語が3人称単数	**He is a student.**	（彼は生徒です。）

1 be動詞とは

　be動詞は，主語（「〜は」「〜が」にあたる語）とその他の語をイコールの働きで結ぶ動詞です。「AはBです。」などの意味を表します。

2 be動詞の現在形

be動詞の現在形は **am, are, is** を主語によって使い分けます。

主語	be動詞	短縮形
I	am	I'm
You	are	You're
He / She / It など3人称単数	is	He's, She's, It's
We / They など複数の主語	are	We're, They're

くわしく 主語とは

　文の中で「〜は」「〜が」にあたる語が主語です。「AはBです。」「AはBをします。」のAのように，文の主人公である言葉です。

確認 be動詞

　am, are, isは，beというひとつの動詞が変化したものなのでbe動詞と呼ばれます。am, are, isの原形（変化しないもとの形）がbeです。beは命令文や，不定詞（→p.128）などで使われます。

参考 3人称単数とは

　3人称単数とは，「私（たち）」（1人称），「あなた（たち）」（2人称）以外の，1人の人や1つのもの（単数）をさします。

I'm a high school student.　（私は高校生です。）　♪02
He's from Canada.　（彼はカナダ出身です。）
We're in Kyoto now.　（私たちは今，京都にいます。）

3 be動詞の否定文

「〜ではありません」「〜にいません」「〜にありません」という否定文は，am, is, are のあとに**not**を入れるだけです。

否定文では短縮形もよく使われます。短縮のしかたには，2種類の形があります。（どちらの形を使っても，意味は変わりません。）

×amn'tという短縮形はないらしい。

短縮形(1)		短縮形(2)	
I'm		―	
He's		He	
She's		She	isn't 〜.
It's	not 〜.	It	
You're		You	
We're		We	aren't 〜.
They're		They	

♪03

I'm not a high school student.　（私は高校生ではありません。）
He's not from Canada.　（彼はカナダ出身ではありません。）
We're not in Kyoto now.　（私たちは今，京都にいません。）

✓チェック問題

次の____に適する語を入れましょう。

(1) ジェーンはカナダ出身です。

Jane _____ from Canada.

(2) 健と私は今日，ひまではありません。

Ken and I _____ free today.

解答

(1) is

(2) aren't
　▶Ken and I は複数の主語なので are を使う。are not の短縮形は aren't。

27

2 be動詞の現在の疑問文

「〜ですか」などを表す疑問文とその答え方

基本例文

Are you hungry?

（あなたはおなかがすいていますか。）

ここで
学 習
すること

「〜ですか」という疑問文はbe動詞で文を始めます。

| 主語が you か複数 | <u>Are</u> you hungry? | （あなたはおなかがすいていますか。） |
| 主語が3人称単数 | <u>Is</u> he hungry? | （彼はおなかがすいていますか。） |

┗ be動詞で始める

1 be動詞の疑問文と答え方

be動詞の疑問文はbe動詞（am, are, is）で文を始めます。

「あなたは〜ですか」は**Are you 〜?**でたずねます。これに対しては**Yes, I am. / No, I'm not.**で答えます。

Are you a high school student? （あなたは高校生ですか。）♪ 05
— **Yes, I am.** （はい，そうです。）
— **No, I'm not.** （いいえ，ちがいます。）

　主語が3人称単数のときは**Is 〜?**でたずねます。Is 〜?の疑問文には**Yes, 〜 is.** または**No, 〜 isn't.**で答えます。
　答えの文では，he, she, itなどの代名詞（だいめいし）を使います。

Is Amy from Canada? （エイミーはカナダ出身ですか。）♪ 06
— **Yes, she is.** （はい，そうです。）
— **No, she isn't.** （いいえ，ちがいます。）

テストで注意 Yesの答えで短縮形は使えない!

　Yesで答えるときは，短縮形は使えません。×Yes, *I'm*.や×Yes, *he's*.などといった答え方はできません。

　Noで答えるときには，○No, I'm not.や ○No, he's not., ○No, he isn't.などの短縮形が使えます。

✔確認 答えの文の代名詞

　I, you, we以外の主語は，次の代名詞で受けます。
・1人の男性 → he
・1人の女性 → she
・1つの物 → it
・2人以上の人 → they
・2つ以上の物 → they

主語が複数のときは **Are 〜?** でたずねます。

> **Are these yours?** （これらはあなたのものですか。） ♪07
> — Yes, they are. （はい，そうです。）
> — No, they're not. （いいえ，ちがいます。）

くわしく ─ 代名詞 they

　they は「彼ら，彼女ら，それら」の意味の代名詞で，he，she，it の複数形です。I，you，we 以外の複数であれば，男女にかかわらず they で受けます。人だけでなく，物の場合も複数なら they で受けます。

2 疑問詞を使った疑問文

「何ですか」「どこですか」「だれですか」などとたずねるときには疑問詞（What，Where，Who など）を使います。

疑問詞はいつも文の最初におきます。

> **What's this?** （これは何ですか。） ♪08
> — It's a camera. （カメラです。）
>
> **Where is my bag?** （私のかばんはどこにありますか。）
> — It's on the chair. （いすの上にあります。）
>
> **Who is that girl?** （あの少女はだれですか。）
> — That's Yoko. （あれは陽子です。）

✔確認 〈疑問詞＋be動詞〉の疑問文

・What is 〜?
　（〜は何ですか）
・Who is 〜?
　（〜はだれですか）
・Which is 〜?
　（〜はどちらですか）
・Where is 〜?
　（〜はどこですか）
・When is 〜?
　（〜はいつですか）
・How is 〜?
　（〜はどうですか）

☑チェック問題

次の____に適する語を入れましょう。

(1) あなたは14歳ですか。—はい，そうです。

　　_____ you fourteen years old?

　　— Yes, I _____.

(2) あれは何ですか。—図書館です。

　　_____ that? — It's a library.

解答

(1) Are

　　am

(2) What's

　　▶What is の短縮形が入る。

一般動詞の現在形

習慣的な動作や現在の状態を表すときの言い方

> 基本例文

♪09

Ken **plays** soccer every day.

（健は毎日，サッカーをします。）

> ここで
> **学習**
> すること

「～します」と現在のことを言うときは，一般動詞の現在形で表します。主語が3人称単数のときは，動詞の最後にSをつけます。

主語がI　　**I** **play soccer every day.**
（私は毎日，サッカーをします。）

動詞の最後にSをつける

主語が3人称単数　**Ken plays soccer every day.**
（健は毎日，サッカーをします。）

1 一般動詞とは

go（行く），**run**（走る），**like**（好きだ）など，be動詞（am, are, is）以外のすべての動詞のことを一般動詞といいます。

2 一般動詞の現在形

一般動詞は，主語がI，youや複数のときはそのままの形で使います。主語がhe, she, itなど3人称単数のときは動詞の最後にSをつけます。

主語	動詞	
I	play	
He, She, It など3人称単数のとき	plays	～.
You, We, They, The boys などYouや複数のとき	play	

> テストで注意 **不要なbe動詞を使わない！**
>
> 一般動詞の文では，be動詞（am, are, is）を使いません。英語の文では，1つの文の中には動詞は1つというのが基本です。
> ×I *am* play tennis.
> └ amは不要。
> （私はテニスをします。）

> くわしく **人称とは**
>
> ① 自分をさす語のこと，つまりI（私）やwe（私たち）を1人称と呼びます。
> ② 相手をさす語のこと，つまりyou（あなた，あなたたち）を2人称と呼びます。
> ③「自分」と「相手」以外をさす語のことを，3人称と呼びます。

I like dogs.　　　　　　　　（私は犬が好きです。） ♪10
Yumi likes dogs.　　　　　　（由美は犬が好きです。）

I walk to school.　　　　　　（私は歩いて学校へ行きます。）
My sister walks to school.　　（私の姉は歩いて学校へ行きます。）

We speak Japanese.　　　　　（私たちは日本語を話します。）
Mr. Smith speaks Japanese.　（スミスさんは日本語を話します。）

3 〔 **3人称単数現在形のsのつけ方** 〕

　大部分の動詞の3人称単数現在形は，**最後にs**をつけるだけです。語尾のsは［z ズ］と発音するのが基本です。

♪11

play（〈スポーツなどを〉する）→ plays　come（来る）　　→ comes
know（知っている）→ knows　　live（住んでいる）→ lives
see（見る）　　　　→ sees　　　read（読む）　　→ reads

　動詞の最後の発音が［k ク］，［t ト］，［p プ］，［f フ］のときは，語尾のsは［s ス］と発音します。

♪12

like（好む）　　→ likes　　speak（話す）→ speaks
make（作る）　→ makes　　take（取る）→ takes
get（手に入れる）→ gets　　want（ほしい）→ wants
write（書く）　→ writes　　help（手伝う）→ helps

　s, x, ch, shで終わる動詞には，sではなく**es**をつけます。このesは［iz イズ］と発音します。

Yumi も my mother も3人称だったね。

✔確認 **3単現とは**

　主語が3人称単数のときの動詞の現在形を3人称単数現在形といい，これを省略して3単現と呼ぶこともあります。

Ⓢ スピーキング **-ds，-tsの発音**

　readsのdsの部分や，getsのtsの部分は，まとめて1つの子音のように発音します。readsは［リードズ］ではなく［リーヅ］に近い音です。同様にgetsは［ゲッツ］ではなく［ゲッツ］に近い音です。

pass（手渡す）→ passes　　teach（教える）→ teaches

watch（見る）→ watches　　wash（洗う）→ washes

♪ 13

　yで終わる語のうちstudy（勉強する）やtry（ためす）は、最後のyをiに変えてesをつけます。

study（勉強する）→ studies　　try（ためす）→ tries　　♪ 14

　have（持っている）は、不規則に変化してhasとなります。go, do, sayはつづりと発音に注意してください。

have（持っている）　　　→ has　　go（行く）→ goes　　♪ 15

do（〈宿題などを〉する）→ does　　say（言う）→ says

　次の動詞は、原形の語尾がeで終わるのでsだけをつけますが、語尾のesは［iz イズ］と発音します。

・practice（練習する）
　→practices

・use（使う）→uses

・change（変える）
　→changes

W／ライティング　playやstayにはそのままs

　yで終わる語がすべてy→iesになるわけではありません。yの前がa, i, u, e, oの動詞は、yのあとにそのままsをつけます。

・play→plays

・stay（とどまる）→stays

✓ チェック問題

次の（　）内の動詞を適する形に変えて、＿＿に入れましょう。

(1) Tom and Josh ＿＿＿＿＿＿＿ tennis after school.
　　（play）
　　（トムとジョシュは放課後にテニスをします。）

(2) My mother ＿＿＿＿＿＿＿ math at a high school.
　　（teach）
　　（私の母は高校で数学を教えています。）

(3) Mika ＿＿＿＿＿＿＿ a dog.　（have）
　　（美香は犬を1匹飼っています。）

(4) They ＿＿＿＿＿＿＿ English hard.　（study）
　　（彼らは一生懸命に英語を勉強します。）

解　答

(1)　play
　　▶複数の主語なのでsをつけない。

(2)　teaches
　　▶chで終わる語にはesをつける。

(3)　has

(4)　study
　　▶複数の主語。

一般動詞の現在の否定文

「〜しません」と否定する文

基本例文 ♪16

My grandmother **doesn't** watch TV.
（私の祖母はテレビを見ません。）

ここで
学習
すること

一般動詞の否定文は，動詞の原形の前にdon'tかdoesn'tを入れます。

| ふつうの文 | She watches TV every day. | （彼女は毎日テレビを見ます。） |

↓ 動詞の前にdon'tかdoesn't

| 否定文 | She doesn't <u>watch</u> TV. | （彼女はテレビを見ません。） |

　一般動詞の否定文は，動詞の前に**do not**（短縮形は**don't**）を入れます。主語が3人称単数のときは，do notの代わりに**does not**（短縮形は**doesn't**）を使います。

　否定文では，一般動詞はsのつかないもとの形（原形）にします。

I			
You	don't	play	〜.
We / They など複数		など，動詞の原形	
He / She / It など3人称単数	doesn't		

| I live in Tokyo. | （私は東京に住んでいます。） ♪17 |
| I don't live in Tokyo. | （私は東京に住んでいません。） |

| Bill has a bike. | （ビルは自転車を持っています。） |
| Bill doesn't have a bike. | （ビルは自転車を持っていません。） |

> **テストで注意** 動詞は原形に
>
> 　一般動詞の否定文では，主語が3人称単数でも，動詞は原形にします。
> × He doesn't *plays* tennis.
> ○ He doesn't play tennis.
> （彼はテニスをしません。）

5 一般動詞の現在の疑問文

「～しますか」とたずねる文とその答え方

基本例文

♪18

Does he like tennis?

（彼はテニスが好きですか。）

ここで**学習**すること

一般動詞の疑問文は，Do か Does で文を始め，動詞は原形を使います。

ふつうの文 → **He likes tennis.** （彼はテニスが好きです。）

↓Do か Does ↓動詞は原形

疑問文 → **Does he like tennis?** （彼はテニスが好きですか。）

1 一般動詞の疑問文と答え方

　一般動詞の疑問文は **Do** で文を始めます。主語が3人称単数のときは **Does** を使います。動詞は s のつかないもとの形（原形）にします。

Do	you	play	～?
	they など複数	など，動詞の原形	
Does	he / she / it など3人称単数		

　Do ～? には **Yes, ～ do. / No, ～ don't.** で答え，Does ～? には **Yes, ～ does. / No, ～ doesn't.** で答えます。

Do you know him? （あなたは彼を知っていますか。）♪19
— Yes, I do. （はい，知っています。）
— No, I don't. （いいえ，知りません。）

Does Yuki speak English? （由紀は英語を話しますか。）
— Yes, she does. （はい，話します。）
— No, she doesn't. （いいえ，話しません。）

テストで注意 **動詞は原形に**

　一般動詞の疑問文では，主語が3人称単数でも，動詞は原形にします。
× Does she *likes* cats?
○ Does she like cats?
（彼女はねこが好きですか。）

does のある文に s はいらない。

2 疑問詞を使った疑問文

「何を〜しますか」「どこで〜しますか」などとたずねるときには疑問詞（What, Where, When など）を使います。

疑問詞はいつも文の最初におき，そのあとに do you 〜? や does he 〜? などの一般動詞の疑問文の語順を続けます。

♪20

What do you do on Sundays?　（あなたは日曜日には何をしますか。）
— I clean my room.　（私は自分の部屋をそうじします。）

What time do you go to bed?　（あなたは何時に寝ますか。）
— I usually go to bed at ten.　（私はふだん10時に寝ます。）

Where does Chris live?　（クリスはどこに住んでいますか。）
— He lives in Yokohama.　（彼は横浜に住んでいます。）

くわしく — **on Sundays**

曜日名に複数形のSをつけることで「〜曜日にはいつも」「毎週〜曜日には」という意味を表します。現在形の文でよく使われます。

✔確認　**〈What＋名詞〉の疑問文**

〈What＋名詞〉で「何の〜」という意味を表します。〈What＋名詞〉のまとまりを文の最初におくことに注意してください。

「あなたは何のスポーツが好きですか。」
○ What sports do you like?
× What do you like *sports*?

1章 現在形〈中1の復習〉

✓ チェック問題

次の＿＿に適する語を入れましょう。

(1) あなたは音楽を聞きますか。— はい，聞きます。
　　＿＿＿＿＿＿ you ＿＿＿＿＿＿ to music?
　　— Yes, I ＿＿＿＿＿＿.

(2) あなたのお姉さんはマンガを読みますか。— いいえ，読みません。
　　＿＿＿＿＿＿ your sister ＿＿＿＿＿＿ comic books?
　　— No, she ＿＿＿＿＿＿.

(3) 彼らは野球をしますか。— いいえ，しません。
　　＿＿＿＿＿＿ they ＿＿＿＿＿＿ baseball?
　　— No, they ＿＿＿＿＿＿.

(4) あなたは土曜日にはいつも何をしますか。— 図書館に行きます。
　　＿＿＿＿＿＿ ＿＿＿＿＿＿ you do on Saturdays?
　　— I ＿＿＿＿＿＿ to the library.

解答

(1) Do, listen
　　do

(2) Does, read
　　doesn't

(3) Do, play
　　don't

(4) What, do
　　go

定期テスト予想問題 ①

時間 ▶ 40分
解答 ▶ p.238

得点 　／100

---

1 次の文の（　　）内から適する語を選び，記号を○で囲みなさい。 〔3点×5〕

(1) My mother （ア　am　イ　is　ウ　are　エ　does） very busy every day.

(2) Beth and I （ア　am　イ　is　ウ　are　エ　does） in the same class this year.

(3) We （ア　is　イ　does　ウ　aren't　エ　don't） go to school on Sundays.

(4) My brother doesn't （ア　help　イ　helps　ウ　helping　エ　helped） our mother.

(5) *A:* （ア　Is　イ　Are　ウ　Do　エ　Does） soccer popular in your school?
　　B: Yes.　A lot of students like it.

2 次の現在形の文の _____ に（　　）内の語を，必要があれば形を変えて入れなさい。 〔3点×4〕

(1) Mike _____ a dog and he likes it very much. 　　　　　(have)

(2) Yumi and her sister _____ tennis every Saturday. 　　(play)

(3) Ken usually _____ TV after dinner. 　　　　　　　　　(watch)

(4) Koji is a good student and _____ English every day. 　(study)

3 次の _____ に適する語を入れて，会話文を完成しなさい。 〔3点×5〕

(1) Is this your book?
　　— Yes, it _____.

(2) Do you want a new bike?
　　— No, I _____.

(3) _____ are you?
　　— I'm fine, thank you.

(4) _____ does she live?
　　— She lives near my house.

(5) _____ _____ comic books do you have?
　　— About fifty.

4 次の日本文に合う英文になるように，_____ に適する語を入れなさい。 【4点×4】

(1) ブラウン先生はオーストラリア出身ではありません。

Ms. Brown _____ _____ Australia.

(2) あの新しい建物は何ですか。— それは私たちの学校です。

_____ that new building? — _____ our school.

(3) 私は彼の名前を知りません。

I _____ _____ his name.

(4) 岡先生は数学を教えていますか。

_____ Mr. Oka teach math?

5 次の日本文の意味を表すように，[　　]内の語句を並べかえなさい。 【6点×4】

(1) 私は中学生です。　　[junior, a, student, I'm, school, high].

_____

(2) あなたの誕生日はいつですか。　　[birthday, when, your, is]?

_____

(3) 彼は夕食後，音楽を聞きます。　　[music, he, listens, after, to] dinner.

_____ dinner.

(4) あなたのお父さんは何時に起きますか。

[time, your father, up, does, what, get]?

_____

6 次の日本語を英語になおしなさい。 【6点×3】

(1) これは私の友達からの手紙です。

_____

(2) 彼は日本語を話しません。

_____

(3) あなたたちは放課後何をしますか。

_____

中学生のための
勉強・学校生活アドバイス

基本は be 動詞と一般動詞

「2人は卓球はするの？」

「ノーノー。卓球とテニスは別物。I'm not play table tennis. ですよ。」

「おしい！　それを言うなら，I don't play table tennis. ね。」

「英文はまず動詞を見ること！　1つの英文には必ず動詞が1つ必要で，その**動詞はbe動詞か一般動詞かのどちらかなの**。play は一般動詞ね。」

「今さら聞きにくいんですが，一般動詞って何でしたっけ？」

「play とか run とか，ムーブメントを表す言葉ですよね？」

「そうね，ほかにも like とか have とか動きを表さない一般動詞もあるわ。私でも覚えきれないくらいたくさんあるの。」

「で，be 動詞は am, are, is ですよね。」

「そう，**be 動詞は，am, are, is と過去形の was, were の5つ**だけ。覚えやすいでしょ。この5つのどれかが含まれていればbe動詞の文で，含まれてなかったら一般動詞の文って覚えておけばOK。」

「動詞の中でも be 動詞が少数精鋭で，"一般"動詞はそれ以外の many many な雑多な存在ってことか。」

「そこまで言わなくても…。」

「下を見て。**疑問文と否定文を作るときのルールがbe動詞と一般動詞の文でちがうで**しょ。だから動詞の見極めが大事なの。」

疑問文 の作り方

be動詞
bee
He is a tennis player.
Is he a tennis player ?

一般動詞
He plays tennis.
Does he play tennis ?

否定文 の作り方

be動詞
He is a tennis player.
He is not a tennis player.

一般動詞
He plays tennis.
does + not
He doesn't play tennis.

2章

過去形

1 過去形とは

一般動詞の過去の文

基本例文

I **called** my grandmother last night.

（私は昨夜，祖母に電話をしました。）

♪01

> **ここで**
> **学 習**
> **すること**

「〜しました」と言うときは，一般動詞の過去形を使います。多くの動詞は，ed
をつけると過去形になります。

[現在の文] **I call my grandmother every day.**

（私は毎日，祖母に電話をします。）

原形のcallにedをつけて過去形にする

[過去の文] **I called my grandmother last night.**

（私は昨夜，祖母に電話をしました。）

---

1 一般動詞の過去形

過去のことを言うときは動詞を過去形にします。

多くの一般動詞は，call→**called**のように動詞の最後に**ed**をつ
けると過去形になります（このような動詞を規則動詞といいます）。

一般動詞の過去形は，主語によって形が変わることはありません。
主語がHeなどの3人称単数でも，過去形にsをつけたりはしません。

I play tennis every day.　（私は毎日テニスをします。）　♪02
I played tennis yesterday.　（私は昨日テニスをしました。）

- -

Emi visits her uncle every weekend. （恵美は毎週末におじを訪ねます。）
Emi visited her uncle last weekend. （恵美は先週末おじを訪ねました。）

くわしく 動詞の形

一般動詞の現在形は，主語によっ
て動詞の形が変化しましたが，過去
の文では，主語が何でも同じ形にな
ります。
（現在の文）
・I play soccer.
・He plays soccer.
（過去の文）
・I play<u>ed</u> soccer.
・He play<u>ed</u> soccer.

2 過去を表す語句

過去の「いつのことなのか」を表すために，次のような過去を表す語句がよく使われます。

yesterday （昨日）	then （そのとき）
last 〜 （この前の〜）	last night （昨夜）　last week （先週）
	last month （先月）　last year （去年）
	last Monday （この前の月曜日に）
〜 ago （〈今から〉〜前に）	an hour ago （1時間前に）
	five days ago （5日前に）
	a week ago （1週間前に）
	ten years ago （10年前に）

♪03

I watched TV last night.　（私は昨夜，テレビを見ました。）
Ken lived in Tokyo last year.　（健は去年，東京に住んでいました。）
I visited my grandmother two weeks ago.

（私は2週間前に祖母を訪ねました。）

くわしく　**過去を表す語句
の文中での位置**

　日本語では，「昨日」などは文の最初におくのがふつうですが，英語では，yesterday や last 〜 のように「いつのことなのか」を表す語句は，文の最後におくのが基本です（文脈によって，最初におく場合もあります）。

2章／過去形

☑チェック問題

次の____に適する語を入れましょう。

(1)　私たちは昨日，テレビゲームをしました。

　　We _____ video games yesterday.

(2)　リサは今朝，部屋をそうじしました。

　　Lisa _____ her room this morning.

(3)　私は昨夜，テレビでサッカーの試合を見ました。

　　I _____ a soccer game on TV last night.

解　答

(1)　played

(2)　cleaned

(3)　watched

2 規則動詞の過去形

規則動詞の過去形の語形変化

基本例文

基本例文

I **stayed** home all day.

（私は1日じゅう家にいました。）

♪04

ここで **学習** すること

一般動詞の過去形は，動詞の最後にedをつけてつくりますが，
study→studiedのように，そのままedをつけない動詞もあります。

1 基本のつくり方とedの発音

規則動詞のほとんどは，動詞に**ed**をつけるだけで過去形になります。

過去形の**ed**の部分の発音は［d ド］，［t ト］，［id イド］の3種類あり，もとの動詞の語尾（edの直前の音）によって決まります。

① edを［d ド］と発音（ふつうの語）　　♪05

play（〈スポーツを〉する）→ played　enjoy（楽しむ）→ enjoyed
stay（滞在する，とどまる）→ stayed　call（呼ぶ，電話する）→ called
open（開ける）→ opened　　　　clean（そうじする）→ cleaned

② edを［t ト］と発音（無声音で終わる語）

walk（歩く）→ walked　　　ask（たずねる）→ asked
look（見る）→ looked　　　watch（じっと見る）→ watched
help（助ける，手伝う）→ helped　wash（洗う）→ washed

③ edを［id イド］と発音（[t] [d]で終わる語）

want（ほしい）→ wanted　　visit（訪ねる）→ visited
wait（待つ）　→ waited　　need（必要とする）→ needed

> **くわしく** edの発音
>
> ①基本的には［d ド］と発音します（原形の語尾が有声音のとき）。
>
> ②［t ト］と発音するのは，原形の語尾の発音が無声音（声帯をふるわせない，息だけの音。[p] [f] [k] [s] [ʃ] [tʃ] など）のときです。
>
> ③［id イド］と発音するのは，原形の語尾の発音が [t] [d] のときです。

2　dだけをつける動詞

eで終わる動詞にはdだけをつけます。

live (住む)	→ lived	use (使う)	→ used	♪06
arrive (到着する)	→ arrived	like (好きだ)	→ liked	
practice (練習する)	→ practiced	close (閉じる)	→ closed	

3　yをiに変えてedをつける動詞

study（勉強する）などは，**yをiに変えてed**をつけます。

study (勉強する)	→ studied	cry (泣く)	→ cried	♪07
carry (運ぶ)	→ carried	try (ためす)	→ tried	

4　最後の文字を重ねてedをつける動詞

stop（止める）などは，**最後の1字を重ねてed**をつけます。

♪08

stop (止める) → stopped	plan (計画する) → planned

テストで注意　**playやenjoyはそのままed**

yで終わる語がすべてy→iedになるわけではありません。yの前がa, i, u, e, oの動詞は，yのあとにそのままedをつけるだけです。

発展　**語尾を重ねる動詞**

語尾の1字を重ねる語は，規則動詞のうち最後の3文字が〈子音字＋アクセントのある母音字＋子音字〉で終わっている動詞で，ごく少数です。（母音を表すa, i, u, e, o, yが母音字で，それ以外が子音字。）

左の2つのほかに次の動詞があります。
・drop (落とす) →dropped
・clap (たたく) →clapped

✓チェック問題

次の（　）内の語を適する形に変えて，＿＿に入れましょう。

(1) I ＿＿＿＿＿ math and science yesterday.（study）

(2) Mr. Brown ＿＿＿＿＿ at the airport yesterday afternoon.（arrive）

(3) My mother ＿＿＿＿＿ her computer last night.（use）

(4) The rain ＿＿＿＿＿ yesterday afternoon.（stop）

(5) I ＿＿＿＿＿ the school trip last month.（enjoy）

解答

(1) studied
　▶yをiに変えてedをつける。

(2) arrived

(3) used

(4) stopped
　▶最後のpを重ねてedをつける。

(5) enjoyed

3　不規則動詞の過去形

不規則動詞の過去形の語形変化

基本例文

♪09

My grandparents **came** to my house last Sunday.

（この前の日曜日に祖父母が家に来ました。）

ここで
学習
すること

go→went, come→cameなどのように，不規則に変化する動詞を不規則動詞といいます。これらは1つ1つ覚える必要があります。

　一部の動詞は，edをつけず，go（行く）→**went**のように不規則に変化して過去形になります。このような動詞を不規則動詞といいます。おもな不規則動詞には次のようなものがあります。

♪10

go（行く）	→ went	come（来る）	→ came
have（持っている）	→ had	get（手に入れる）	→ got
see（見る）	→ saw	do（する）	→ did
say（言う）	→ said	make（作る）	→ made
read（読む）	→ read	write（書く）	→ wrote
give（与える）	→ gave	take（取る）	→ took
meet（会う）	→ met	build（建てる）	→ built
become（～になる）	→ became	feel（感じる）	→ felt
catch（つかまえる）	→ caught	teach（教える）	→ taught
bring（持ってくる）	→ brought	buy（買う）	→ bought
find（見つける）	→ found	forget（忘れる）	→ forgot
stand（立つ）	→ stood	sit（すわる）	→ sat
eat（食べる）	→ ate	tell（伝える）	→ told

ほかにもあるから
p.236をチェック！

くわしく　readの過去形

　read（読む）の過去形は，つづりが同じで発音だけが変化します。現在形は［riːd リード］，過去形は［red レッド］と発音します。

R リーディング　過去形のreadの見分け方

　readは，原形と過去形のつづりが同じです。主語が3人称単数なのにSがついていなければ，過去形だと判断できます。

・He read the book.
　　└過去形

※現在の文ならreadsとなる。

44

4 一般動詞の過去の否定文

「～しませんでした」と言うときの文

基本例文 ♪11

Aya **didn't** have breakfast this morning.

（彩は今朝，朝食を食べませんでした。）

> **ここで学習すること**
>
> 一般動詞の過去の否定文は，動詞の前に did not を入れます。
>
> 肯定文 Aya　　　　 had breakfast this morning.（彩は今朝，朝食を食べました。）
>
> ↓ 動詞の前に did not を入れ，動詞は原形にする
>
> 否定文 Aya did not have breakfast this morning.（彩は今朝，朝食を食べませんでした。）

「～しませんでした」という否定文は，動詞の前に **did not** を入れ，動詞はもとの形（原形）にします。現在の文では主語によって do と does を使い分けましたが，過去の文では did だけです。

did not は短縮形の **didn't** の形がよく使われます。

> I watched TV last night.（私は昨夜，テレビを見ました。）♪12
> I didn't watch TV last night.（私は昨夜，テレビを見ませんでした。）
>
> Jim came to school yesterday.（ジムは昨日，学校に来ました。）
> Jim didn't come to school yesterday.（ジムは昨日，学校に来ませんでした。）

くわしく 肯定文とは

「～ではありません」と打ち消す（否定する）文を否定文といいます。これに対して，「～です」という意味のふつうの文を肯定文といいます。

テストで注意 否定文では動詞は原形!

過去の否定文で過去形を使ってしまうミスが多いので注意してください。
× I didn't *watched* TV last night.

チェック問題

次の＿＿に適する語を入れましょう。

(1) 私は昨日，宿題をしませんでした。

I didn't ＿＿＿＿＿＿ my homework yesterday.

(2) 彼はそのときお金を持っていませんでした。

He ＿＿＿＿＿＿ ＿＿＿＿＿＿ any money then.

＿＿＿ 解答 ＿＿＿

(1) do
▶否定文では動詞は原形を使う。

(2) didn't, have

一般動詞の過去の疑問文

「〜しましたか」とたずねるときの文とその答え方

基本例文

♪13

Did you study for the exam last night?

（あなたは昨夜，試験の勉強をしましたか。）

ここで
学習
すること

一般動詞の過去の疑問文は，Didで文を始めます。

ふつうの文   **You studied for the exam last night.**

（あなたは昨夜，試験の勉強をしました。）

Didで文を始めて，動詞は原形にする

疑問文   **Did you <u>study</u> for the exam last night?**

（あなたは昨夜，試験の勉強をしましたか。）

---

1 疑問文の形と答え方

「〜しましたか」とたずねる文は，**Did**で文を始めます。疑問文なので，動詞はもとの形（原形）にします。現在の疑問文ではDoとDoesを使い分けましたが，過去の疑問文ではDidだけです。

Did 〜?には**Yes, 〜 did.**または**No, 〜 didn't.**で答えます。

"Did you" は ディヂュって発音するとネイティブっぽいよ。

♪14

Did you find your umbrella?	（あなたのかさは見つかりましたか。）
— Yes, I did.	（はい，見つかりました。）
— No, I didn't.	（いいえ，見つかりませんでした。）

Did your mother go to work yesterday?	
	（あなたのお母さんは昨日，仕事に行きましたか。）
— Yes, she did.	（はい，行きました。）
— No, she didn't.	（いいえ，行きませんでした。）

2 疑問詞を使った疑問文

What などの疑問詞と組み合わせる場合は、疑問詞を文の最初におきます。疑問詞のあとは、did you 〜?やdid he 〜?のような一般動詞の過去の疑問文の語順になります。

♪ 15

What did you do yesterday? （あなたは昨日、何をしましたか。）
— **I stayed home all day.** （私は1日じゅう家にいました。）

When did you come to Japan? （あなたはいつ日本に来ましたか。）
— **I came to Japan last year.** （私は去年、日本に来ました。）

Where did you find this wallet?
（あなたはこのさいふをどこで見つけたのですか。）
— **I found it at the entrance.** （玄関のところで見つけました。）

What time did you go to bed last night?
（あなたは昨夜、何時に寝ましたか。）
— **I went to bed around midnight.** （深夜12時ごろに寝ました。）

くわしく ▶ Who が主語の疑問文

「だれが〜しましたか」とたずねる文は、Who（だれが）で文を始めます。

この文では、who は主語になるので、あとには動詞の過去形が続きます。

・**Who played the piano?**
（だれがピアノを弾きましたか。）
— **Aki did.** （亜紀です。）

2章／過去形

✓ チェック問題

次の＿＿に適する語を入れましょう。

(1) あなたは昨夜、宿題をしましたか。—はい、しました。

＿＿＿＿＿＿ you do your homework last night?
— Yes, I ＿＿＿＿＿.

(2) あなたはこの前の週末、何をしましたか。— 友達と映画を見ました。

What ＿＿＿＿＿ you do last weekend?
— I ＿＿＿＿＿ a movie with my friend.

(3) あなたはどこでこの時計を買いましたか。— インターネットで買いました。

＿＿＿＿＿ ＿＿＿＿＿ you buy this watch?
— I ＿＿＿＿＿ it on the Internet.

```
      解 答
```

(1) Did

did

(2) did

saw

▶ 「映画を見る」は see a movie で表す。

(3) Where, did

bought

47

6 be動詞の過去の文

「〜でした」「〜にいました」などと言うときの文

♪ 16

We **were** in the library then.

（私たちはそのとき図書館にいました。）

ここで 学 習 すること

「〜でした」「〜にいました」と過去のことを言うときは，be動詞の過去形のwas
かwereを使います。

現在の文　**We are in the library right now.**　（私たちは今，図書館にいます。）

↓ are を過去形のwereにする

過去の文　**We were in the library then.**　（私たちはそのとき図書館にいました。）

1 be動詞の過去形

amとisの過去形は**was**で，areの過去形は**were**です。

主語	現在形	過去形
I	am	was
He / She / It など3人称単数	is	was
YouやWe / They など複数	are	were

be動詞の過去形
は2種類だけ！
amとisの過去形
は両方ともwas
なんだ.

2 wasを使う文

wasはamとisの過去形です。ですから，wasを使うのは，主語がIのときと，he・she・itなどの3人称単数のときです。

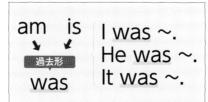

am　is
↓　↓
過去形
was

I was 〜.
He was 〜.
It was 〜.

48

I'm really busy right now. （私は今本当に忙しいです。）　♪17
I was really busy then. （私はそのとき，本当に忙しかったです。）

It's a very exciting movie. （それはとてもわくわくする映画です。）
It was a very exciting movie. （それはとてもわくわくする映画でした。）

3 wereを使う文

　wereはareの過去形です。ですから，wereを使うのは，主語がyouや複数のときです。

are
↓
過去形
were

You were ～.
We were ～.
They were ～.

Mr. and Mrs. Jones are in the U.S. now.　♪18
（ジョーンズ夫妻は今，アメリカにいます。）
Mr. and Mrs. Jones were in the U.S. last week.
（ジョーンズ夫妻は先週，アメリカにいました。）

テストで注意　A and Bの主語は複数

　A and Bの形の主語は複数を表します。
　Ken and I なら「健と私」で複数の主語になります。×Ken and I was としないようにしましょう。
・Ken and I were busy.
（健と私は忙しかったです。）

✓ チェック問題

次の＿＿＿に適する語を入れましょう。

(1) 私はそのときとても疲れていました。
　　I ＿＿＿＿＿＿＿ very tired then.

(2) 彼らは先月，ヨーロッパにいました。
　　They ＿＿＿＿＿＿＿ in Europe last month.

(3) 昨日はとても暑かったです。
　　It ＿＿＿＿＿＿＿ very hot yesterday.

＿＿＿ 解 答 ＿＿＿

(1) was

(2) were
　　▶主語が複数なのでwereを使う。

(3) was

be動詞の過去の否定文

「～ではありませんでした」などと言うときの文

♪19

基本例文

The exam **wasn't** so difficult.

（試験はそれほど難しくありませんでした。）

ここで
学習
すること

be動詞の過去の否定文は，was か were のあとに not を入れます。

肯定文　**The exam was　　so difficult.**　（試験はとても難しかったです。）

↓ was のあとに not を入れる

否定文　**The exam was not so difficult.**　（試験はそれほど難しくありませんでした。）

was, were のあとに **not** を入れると，「～ではありませんでした」という否定文になります。was not→**wasn't**, were not→**weren't** という短縮形もよく使われます。

It was cold yesterday.　　　（昨日は寒かったです。）　♪20
It wasn't cold yesterday.　　（昨日は寒くありませんでした。）

The students were in the classroom then.
（生徒たちはそのとき教室にいました。）
The students weren't in the classroom then.
（生徒たちはそのとき教室にいませんでした。）

テストで
注意　**一般動詞の文と
混同しない！**
　be動詞の否定文では did は使いません。be動詞の文で didn't を使わないようにしましょう。
× He *didn't* busy.
　　　　　形容詞
○ He wasn't busy.
（彼は忙しくありませんでした。）

☑チェック問題

次の＿＿に適する語を入れましょう。

(1) 彼の両親は昨夜，家にいませんでした。

His parents ＿＿＿＿＿＿ at home last night.

(2) その映画はおもしろくありませんでした。

The movie ＿＿＿＿＿＿ interesting.

解　答

(1)　weren't

(2)　wasn't

8 be動詞の過去の疑問文

「～でしたか」「～にいましたか」などとたずねる文とその答え方

> **基本例文**
>
> ♪21
>
> # Were you at home then?
>
> （あなたはそのとき家にいましたか。）

> ここで
> **学習**
> すること
>
> be動詞の過去の疑問文は，was か were で文を始めます。
>
> | ふつうの文 | **You were at home.** （あなたは家にいました。） |
>
> | 疑問文 | **Were you** at home? （あなたは家にいましたか。） |
> └→ Were で文を始める

1 疑問文の形

　be動詞の現在の疑問文はAm, Are, Isで文を始めました。過去の文も同じで，**Was**, **Were** で文を始めると，「～でしたか」「～にいましたか」などとたずねる文になります。

> Are you with your family right now?　♪22
> （あなたは今，家族といっしょにいますか。）
>
> Were you with your family then?
> （あなたはそのとき，家族といっしょにいましたか。）
>
> ....
>
> Is it hot in Tokyo right now?　（今，東京は暑いですか。）
> Was it hot in Tokyo yesterday?　（昨日，東京は暑かったですか。）

> Sorry, I was out all day today. Were you lonely?
> （ごめん，今日は1日出かけてたんだ。さみしかった？）

2 答え方

　Was ～?やWere ～?の疑問文に対しては，Yes / Noのあとに **was** や **were** を使って答えます。

wasとwereは，答えの文の主語に合わせます。

♪ 23

Were you at school then? （あなたはそのとき学校にいましたか。）
— Yes, I was. （はい，いました。）
— No, I wasn't. （いいえ，いませんでした。）

Was the book interesting? （その本はおもしろかったですか。）
— Yes, it was. （はい，おもしろかったです。）
— No, it wasn't. （いいえ，おもしろくありませんでした。）

3 疑問詞を使った疑問文

疑問詞と組み合わせる場合は，疑問詞を文の最初におきます。
「～は何でしたか」は **What was ～?**，「だれが～でしたか」は
Who was ～?，「～はどこでしたか」は **Where was ～?** のよう
に表します。
主語が複数のときは，wasの代わりにwereを使います。

What was the name of the restaurant? ♪ 24
（そのレストランの名前は何でしたか。）
— It was "Amy's". （「エイミーズ」でした。）

Who was at home then? （だれがそのとき家にいましたか。）
— My sister was. （私の姉がいました。）

Where were you last night? （あなたは昨夜，どこにいましたか。）
— I was at home with my family.
（私は家族と家にいました。）

When was the party? （パーティはいつでしたか。）
— It was last Friday. （この前の金曜日でした。）

テストで注意 **一般動詞と混同しない**

一般動詞とbe動詞の過去形を両方学習すると，Did you play ～? を ×*Were* you play ～? としてしまうミスが出てきます。一般動詞の文ではbe動詞は使いません。混同しないようにしましょう。

Where was
your bed?
（キミの寝床は
どこだったの？）

白クマ
だよね…

52

4 How was 〜?

How was 〜?の形で，「〜はどうでしたか」とたずねることができます。How was 〜?は何かのようすや，感想をたずねるときなどによく使われる表現です。

主語が複数のときはwasのかわりにwereを使います。

How was the movie?　　　（映画はどうでしたか。）　♪25
— It was a little boring.　　（少し退屈でした。）

How was your summer vacation?（夏休みはどうでしたか。）
— I enjoyed it a lot.　　　　（すごく楽しみました。）

How was the interview?　　（面接はどうでしたか。）
— I was really nervous.　　（本当に緊張しました。）

☑ チェック問題

次の＿＿に適する語を入れましょう。

(1) あなたはそのとき家族といっしょにいましたか。—はい，いました。

＿＿＿＿＿＿＿＿＿ you with your family then?

—Yes, I ＿＿＿＿＿＿＿.

(2) ロンドンの天気はどうでしたか。—雨でした。

＿＿＿＿＿＿＿＿ ＿＿＿＿＿＿＿ the weather in London?

— ＿＿＿＿＿＿＿ ＿＿＿＿＿＿＿ rainy.

(3) あなたの両親は昨日の午後，どこにいましたか。

—彼らはおじの家にいました。

＿＿＿＿＿＿＿＿ ＿＿＿＿＿＿＿ your parents yesterday

afternoon?

—They ＿＿＿＿＿＿＿ at my uncle's house.

```
解 答

(1)  Were

     was

(2)  How,  was

     It,  was

(3)  Where,  were

     were
```

定期テスト予想問題 ②

🎧 **1** 音声のあとで2つの問いが読まれます。それぞれの問いに対する答えとして適切なものを選び、記号に○をつけなさい。　♪26【10点×2】

(1) ア　He talked with his family.　　イ　He went shopping.
　　ウ　He bought some comic books.　エ　He didn't like it.

(2) ア　A comic book.　　　　　　　イ　At home.
　　ウ　It was exciting.　　　　　　エ　After dinner.

2 次の文の_____に最も適するbe動詞を入れなさい。　【2点×4】

(1) They _____ tired last night.

(2) I _____ late for school yesterday.

(3) Tom _____ in his room then.

(4) _____ Andy and David in the same class last year?

3 次の文の_____に（　）内の語を正しい形にかえて入れなさい。　【2点×3】

(1) I _____ to music yesterday.　(listen)

(2) He _____ breakfast at seven yesterday morning.　(have)

(3) Jack _____ a letter to Kumi two weeks ago.　(write)

4 次の日本文に合う英文になるように、_____に適する語を入れなさい。　【4点×4】

(1) 私の母は、今朝6時に起きました。
　　My mother _____ _____ at six this morning.

(2) ナンシーと私は昨日の夜、お皿を洗いました。
　　Nancy and I _____ the dishes last night.

(3) だれがさおりと話しましたか。　_____ _____ with Saori?

(4) そのときあなたはどこにいましたか。　_____ _____ you then?

5 次の問いの文に対する適切な答えの文を，下のア～オから選び，記号で答えなさい。

【3点×4】

(1) Who opened that window? （　　）
(2) Were you busy yesterday? （　　）
(3) Where did Mr. Brown live then? （　　）
(4) Who was your English teacher last year? （　　）

　ア　No, I didn't.　　　イ　In New York.　　ウ　Yes, we were.
　エ　Mr. Hayashi was.　オ　My mother did.

6 次の日本文の意味を表す英文になるように，[　　]内の語を並べかえなさい。　【6点×2】

(1) あなたは，昨夜は何時に寝ましたか。[did, time, bed, you, what, to, go] last night?
_____ last night?

(2) きのう，彼のお母さんは何を作りましたか。
[mother, make, his, what, did] yesterday?
_____ yesterday?

7 次の日本文を英語になおしなさい。　【8点×2】

(1) 彼はよい生徒でした。
_____

(2) あなたはどのくらいカナダにいましたか。（be動詞を使って）
_____

8 次の質問に，あなた自身のことについて英語で答えなさい。　【10点】
How was the weather in your city yesterday?
_____

中学生のための 勉強・学校生活アドバイス

やることリストを作ろう

「あ〜，２週間後はテストか。今週はまだ部活もあるし，そのあと深夜まで勉強するしかないかなぁ。やだなぁ〜。」

「なに言ってんだよ。そんなんじゃ昼間スリーピーになっちゃうだろ？」

「はぁ…。洸士郎はなんでゆううつにならないんだよ…。」

「勉強のスケジュールを立てたから，あとは計画通り Do！って感じだよ。」

「お！　すごくいいテスト対策だね。どんなスケジュールを立てたの？」

「はい！　テストまでの２週間で，平日は１教科，土日は２教科を２時間ずつスタディしようと思って。」

「いいね。でも，**もっと具体的にやることリストを洗い出してみよう**か。」

「やることリスト？」

「そう。洸士郎くんのようにスケジュールを立てるのはとても大事。それをより効果的なものにするために，"問題集の12〜15ページ"とか"英単語30個"とか，やるべきことを具体的に書き出すの。」

「**書き出した"やることリスト"をスケジュールに組み込んでいく**ってことですね。」

「**"やることリスト"の項目を実際にやったらチェックを入れていく**のよ。そうすると達成感があるし，やたらに焦ったり不安になったりしなくなるわ。」

「具体的にリスト化すればするほど，俺のスケジュールがパーフェクトになるのか！」

「"やることリスト"を作ればやみくもに深夜まで勉強する必要もないのかもしれない。なんか，希望が見えてきた！」

終わったものはチェック！

▶やることリストをもとにスケジュールを立てる。

▲スケジュールは，見えるところに貼っておくとよい。

過去進行形

1 過去進行形とは

基本例文

♪ 01

I **was talking** with Alex then.

（私はそのときアレックスと話していました。）

ここで **学 習** すること

「（過去のある時点に）〜していました」と言うときは，be動詞の過去形（was, were）のあとに動詞のing形を続けます。

過去形 　I　　talked with Alex. 　　　　（私はアレックスと話しました。）

↓ 〈be動詞＋動詞のing形〉にする

過去進行形 　I was talking with Alex. 　　　（私はアレックスと話していました。）

1 ふつうの過去形とのちがい

　「そのとき，ちょうどテニスをしていました」「そのときは眠っていました」のように，過去のある時点で，ある動作をしている最中だったことを表すときは過去進行形という形を使います。

「あのとき」「あの瞬間」を表すときに使うんだ。

過去形
I talked with Alex.
私はアレックスと話しました。

▶すでに終わったできごとを伝える。

過去進行形
I was talking with Alex then.
私はそのとき，アレックスと話していました。

▶過去のある瞬間に何をしていたのかを表す。

 be動詞を忘れずに

　進行形の文ではbe動詞を忘れないようにしましょう。
× He *playing* tennis.
○ He was playing tennis.

　今までに学習した一般動詞の過去形では，「ちょうどそのとき〜し

ている最中でした」という意味は表せないことに注意してください。

2 過去進行形の形

過去進行形は，**be動詞**と**動詞のing形**（→p.60）を使って表します。be動詞は主語によって，**was**，**were**を使い分けます。

主語	be動詞		
I	was		
You	were	playing	~.
He / She / It など3人称単数	was	など，動詞のing形	
We / They など複数	were		

I slept for eight hours last night.　　♪02
　　　　　　　　　　　（私は昨夜，8時間眠りました。）
I was sleeping then.　（私はそのとき眠っていました。）

We watched a soccer game yesterday.
　　　　　　（昨日，私たちはサッカーの試合を見ました。）
We were watching a soccer game then.
　　　　（私たちはそのとき，サッカーの試合を見ていました。）

参考　時を表す語句

過去進行形の文では「どの瞬間の動作だったのか」を表すために，次のような語句がよく使われます。
・then（そのとき）
・at that time（そのとき）
・〈at＋時刻〉（〜時に）
　at three（3時に）
・when 〜（〜したとき）（→p.147）
　when I got up
　（私が起きたとき）

くわしく　進行形にしない動詞

進行形は，何かの「動作をしている最中」であることを表すための形なので，動作を表さない動詞は，ふつうは進行形にしません。

次の動詞は動作ではなく「状態」を表すので，進行形にしません。
・have（持っている）
・know（知っている）
・like（好きである）
・love（愛している）
・want（ほしがる）
・see（見える）
・hear（聞こえる）

（縦書き）3章／過去進行形

チェック問題

次の＿＿に適する語を入れましょう。

(1) 私はそのとき，お風呂に入っていました。

　I ＿＿＿＿＿＿ ＿＿＿＿＿＿ a bath then.

(2) 今朝は雨が降っていました。

　It ＿＿＿＿＿＿ ＿＿＿＿＿＿ this morning.

(3) 私たちはそのとき，あなたのことを話していました。

　We ＿＿＿＿＿＿ ＿＿＿＿＿＿ about you then.

解　答

(1)　was，　taking
　　▶「風呂に入る」はtake a
　　bathで表す。

(2)　was，　raining

(3)　were，　talking

ing形のつくり方

動詞の ing 形の語形変化

基本例文

♪03

A lot of children were **swimming**.

（たくさんの子どもたちが泳いでいました。）

ここで
学　習
すること

動詞の ing 形のつくり方は基本的に３パターンあります。
「そのまま ing」「最後の e をとって ing」「最後の１字を重ねて ing」の３パターン
です。

1 基本のつくり方

大部分の動詞の ing 形は，動詞の**最後に ing** をつけるだけです。

♪04

play（〈スポーツを〉する）	→ playing	listen（聞く）	→ listening
read（読む）	→ reading	study（勉強する）	→ studying
watch（じっと見る）	→ watching	look（見る）	→ looking
wait（待つ）	→ waiting	talk（話す）	→ talking

2 e をとって ing をつける動詞

write（書く）や make（作る）のように e で終わる動詞は，最後
の **e をとって ing** をつけます。

write（書く）	→ writing	use（使う）	→ using ♪05
have（食べる）	→ having	make（作る）	→ making
take（取る）	→ taking	drive（運転する）	→ driving

参考　進行形以外の ing 形

　ing 形を使うのは進行形だけでは
ありません。「～すること」という
意味を表すときに使う動名詞
（→p.135）でも，使います。
・I like watching TV.
（私はテレビを見るのが好きで
す。）

3 語尾を重ねてingをつける動詞

run（走る），swim（泳ぐ）などは，run→**running**，swim→
swimmingのように**最後の1字を重ねてing**をつけます。

♪ 06

run（走る）	→ running	swim（泳ぐ）	→ swimming
sit（すわる）	→ sitting	get（手に入れる）	→ getting
put（置く）	→ putting	stop（止まる）	→ stopping
cut（切る）	→ cutting	hit（打つ）	→ hitting
plan（計画する）	→ planning	begin（始める）	→ beginning
forget（忘れる）	→ forgetting	drop（落とす）	→ dropping
win（勝つ）	→ winning	let（〜させる）	→ letting

くわしく　語尾を重ねる動詞

　語尾の1字を重ねるのは，最後の
3文字が〈子音字＋アクセントのあ
る母音字＋子音字〉で終わっている
動詞です。（母音を表すa, i, u, e,
o, yが母音字で，それ以外が子音
字。）

発展　die, lieのing形

　die（死ぬ）のing形はdying，
lie（横になる）のing形はlying
という形になります。

こういう単語はレ
アなのよ♥

3章／過去進行形

✓チェック問題

次の動詞をing形にしましょう。

(1) talk ＿＿＿＿＿＿＿
（話す）

(2) write ＿＿＿＿＿＿＿
（書く）

(3) begin ＿＿＿＿＿＿＿
（始める）

(4) study ＿＿＿＿＿＿＿
（勉強する）

(5) have ＿＿＿＿＿＿＿
（食べる）

(6) run ＿＿＿＿＿＿＿
（走る）

(7) sit ＿＿＿＿＿＿＿
（すわる）

(8) swim ＿＿＿＿＿＿＿
（泳ぐ）

(9) get ＿＿＿＿＿＿＿
（手に入れる）

(10) stay ＿＿＿＿＿＿＿
（滞在する）

＿＿＿　解　答　＿＿＿

(1)talking　　(2)writing

(3)beginning　(4)studying

(5)having　　(6)running

(7)sitting　　(8)swimming

(9)getting　　(10)staying

過去進行形の否定文

「～していませんでした」という文

♪07

 基本例文

I **wasn't** wearing glasses then.

（私はそのときめがねをかけていませんでした。）

ここで
学習
すること

「～していませんでした」と言うときは，be動詞のあとにnotを入れます。

肯定文　I was 　wearing glasses.　（私はめがねをかけていました。）

↓ be動詞のあとにnotを入れる

否定文　I was not wearing glasses.　（私はめがねをかけていませんでした。）

「～していませんでした」と言うときは，**be動詞のあとにnot**を入れます。

was not→**wasn't**，were not→**weren't**という短縮形もよく使われます。

It was snowing then.　（そのとき雪が降っていました。）♪08
It **wasn't** snowing then.　（そのとき雪は降っていませんでした。）

They were sleeping then.　（彼らはそのとき眠っていました。）
They **weren't** sleeping then.（彼らはそのとき眠っていませんでした。）

isn'tやaren'tのときと同じパターンだね

✓チェック問題

次の＿＿に適する語を入れましょう。

(1) 彼はそのとき，私を見ていませんでした。

He was ＿＿＿＿＿＿ ＿＿＿＿＿＿ at me then.

(2) 私はそのとき，宿題をしていませんでした。

I ＿＿＿＿＿＿ ＿＿＿＿＿＿ my homework then.

解答

(1)　not，looking

(2)　wasn't，doing

4 過去進行形の疑問文

「〜していましたか」とたずねる文とその答え方

♪09

基本例文

Were you talking with Andy then?

（あなたはそのとき，アンディーと話していたのですか。）

ここで
学 習
すること

「〜していましたか」とたずねるときは，be動詞で文を始めます。

ふつうの文　　**You were talking with Andy then.**
（あなたはそのとき，アンディーと話していました。）

疑問文　　**Were you** 　　talking with Andy then?
└─ Were で文を始めると疑問文になる
（あなたはそのとき，アンディーと話していたのですか。）

1 「〜していましたか」の文

「（そのとき）〜していましたか」「〜しているところでしたか」とたずねるときはbe動詞の過去の疑問文（→p.51）と同じで，be動詞の過去形で文を始めます。

be動詞	主語		
Were	you	playing など，動詞のing形	〜?
	they など複数		
Was	he /she /it など3人称単数		

Were you reading a comic book then?　♪10

（あなたはそのときマンガを読んでいましたか。）

Was the baby sleeping then?

（そのとき赤ちゃんは眠っていましたか。）

テストで
注意　Did 〜?としないこと!

過去進行形の疑問文では，一般動詞の過去の疑問文で使う did は使いません。*Did* you playing 〜? などとしないように注意してください。

Didを使いそうに
なるよね

2 答え方

過去進行形の疑問文に対しては，be動詞の過去の疑問文と同じように答えます。wasとwereは，答えの文の主語に合わせて使い分けます。

Was it raining?　　　　　　（雨は降っていましたか。）　♪11
— Yes, it was.　　　　　　 （はい，降っていました。）
— No, it wasn't.　　　　　 （いいえ，降っていませんでした。）

Were you studying then?　（あなたはそのとき勉強していましたか。）
— Yes, I was.　　　　　　 （はい，勉強していました。）
— No, I wasn't.　　　　　 （いいえ，勉強していませんでした。）

3 「何をしていたの?」

「何をしていたのですか」は**What were you doing?**でたずねます。このdoingは「する」という意味の動詞doのing形です。

答えるときは，過去進行形を使って，していたことを答えます。

What were you doing then?　（あなたはそのとき何をしていましたか。）　♪12
— I was taking a bath.　　（私はお風呂に入っていました。）

What was Bill doing in front of the station then?
　　　　　　　　　　　　（ビルはそのとき駅の前で何をしていましたか。）
— He was waiting for his friend.　（彼は友達を待っていました。）

🔍くわしく── doing以外の疑問文

What was[were] 〜 doing?のdoingの代わりに，ほかの動詞のing形を使うこともあります。
・What was Yumi making?
（由美は何を作っていましたか。）
—She was making sushi.
（彼女はすしを作っていました。）

☑チェック問題

次の＿＿＿に適する語を入れましょう。

(1) あなたはそのとき，音楽を聞いていましたか。—いいえ。

　　＿＿＿＿＿＿＿ you ＿＿＿＿＿＿ to music then?
　　— No, I ＿＿＿＿＿＿.

(2) あなたは朝の5時に何をしていましたか。—公園を走っていました。

　　What ＿＿＿＿＿＿ you ＿＿＿＿＿＿ at five in the morning? — I was ＿＿＿＿＿＿ in the park.

　　　　　　　　　　　解　答

(1) Were, listening
　　wasn't

(2) were, doing
　　running

定期テスト予想問題 ③

時間 ▶ 40分
解答 ▶ p.239

得点
／100

1 音声で，2つの絵に関する問いと，その答えA，B，Cが読まれます。絵の内容に合う答えを選び，記号に○をつけなさい。

♪ 13 【8点×2】

(1)

A   B   C

(2)

A   B   C

2 次の文の _____ に（   ）内の語を正しい形にかえて入れなさい。

【4点×4】

(1) My sister _____ cooking dinner then.　(be)

(2) We were _____ an apple pie.　(make)

(3) It wasn't _____ at that time.　(rain)

(4) Jack was _____ on the bench.　(sit)

3 次の日本文に合う英文になるように，_____ に適する語を入れなさい。

【4点×4】

(1) 私の母は，今朝6時には新聞を読んでいました。

My mother _____ _____ a newspaper at six this morning.

(2) あなたのお兄さんはそのとき車を洗っていましたか。

_____ your brother _____ his car then?

(3) いいえ，洗っていませんでした。［(2)の答え］

No, _____ _____.

(4) あなたは何をさがしていたのですか。

_____ _____ you looking for?

65

4 次の日本文の意味を表す英文になるように, [   ]内の語を並べかえなさい。ただし, 不要な語が1語ずつ入っています。 [6点×5]

(1) 私はそのとき姉を待っていました。

[waiting, was, did, for, I, my, sister] then.

_____ then.

(2) 彼はそのときスミス先生と話していました。

[was, were, with, talking, he, Mr. Smith] then.

_____ then.

(3) あなたはそのとき宿題をしていましたか。

[doing, did, were, your, you, homework] then?

_____ then?

(4) 私たちはそのときはサッカーをしていませんでした。

[soccer, we, not, did, playing, were] then.

_____ then.

(5) そのとき, あなたのお母さんは何を作っていましたか。

[mother, were, making, your, what, was] then?

_____ then?

5 次の日本文を英語になおしなさい。 [6点×2]

(1) 私は自分の将来(my future)について考えていました。

_____

(2) 彼女はそのとき運転中でした。

_____ then.

6 次の質問に, あなた自身のことについて英語で答えなさい。 【10点】

What were you doing at 9 p.m. yesterday?

_____

4章

未来の表し方

1   be going to 〜

「明日〜するつもりです」など，これから先の未来のことを表す文

基本例文

♪ 01

I'm going to get up early tomorrow.

（私は明日，早く起きるつもりです。）

ここで
学 習
すること

「〜するつもりです」と未来のことを表すときは be going to を使います。

現在の文   I   **get up early every morning.**

↓ be going to を入れる   （私は毎朝，早く起きます。）

未来の文   **I'm going to get up early tomorrow.**

↑ 動詞は原形   （私は明日，早く起きるつもりです。）

---

1   **現在と未来の区別**

    I play tennis.（私はテニスをします。）などの現在形は，基本的に「ふだんテニスをする」「テニスをする習慣がある」という意味を表します。

   「明日テニスをします」「来週ハワイに行きます」のように，未来にするつもりの予定を言うときには，**be going to** という表現を使います。

    be going toのほかに，willを使った言い方もあります。（→ p.74）

2   **be going to 〜 の形**

   「〜します」「〜するつもりです」のように未来のことを表すには〈**be going to＋動詞の原形**〉を使います（beとはbe動詞のことです）。toのあとの動詞はいつも原形にします。

beには，am, is, are
のどれかが入るよ。

発展   **これから起こりそうなこと**

   be going to は「するつもりのこと」を表すだけでなく，そのときの状況から明らかに「起こりそうなこと」を表すときにも使われます。

・Look at the sky. It's going to rain.（空を見て。雨が降りそうです。）

主語	be動詞			
I	am			
He / She / It など3人称単数	is	going to	play など，動詞の原形	～.
Youや複数	are			

I go shopping every weekend. （私は毎週末，買い物に行きます。）
I'm going to go shopping tomorrow.
　　　　　　　　　　　　（私は明日，買い物に行きます。）

He visits his uncle on Sundays.
　　　　　　　　　　（彼は毎週日曜日におじさんを訪ねます。）
He's going to visit his uncle next Sunday.
　　　　　　（彼は今度の日曜日におじさんを訪ねるつもりです。）

3　未来を表す語句

　未来の「いつ」するつもりなのかを表すために，次のような語句がよく使われます。

・tomorrow「明日」
・next ～「次の，今度の～」
　next Sunday（今度の日曜日）　　next week（来週）
　next month（来月）　　　　　　next year（来年）　　など

S スピーキング going toの くだけた発音

　be going toは日常会話で非常によく使われる表現です。くだけた話し言葉では，going toを縮めてgonna [ɡənə] と発音されることがあります。

くわしく そのほかの 未来を表す語句

　次のような語句も，未来を表すのに使われます。
・this weekend（今週末）
・someday（いつか）
・in 2030（2030年に）
・in the future（将来〈は〉）

☑チェック問題

次の＿＿に適する語を入れましょう。
(1) 私は明日，公園へ行くつもりです。
　I'm ＿＿＿＿＿ ＿＿＿＿＿ go to the park tomorrow.
(2) アンはケーキを作るつもりです。
　Ann ＿＿＿＿＿ going to ＿＿＿＿＿ a cake.

解答
(1) going, to

(2) is, make

2 | be going to 〜の否定文

「〜するつもりはありません」という文

♪03

I'm **not** going to buy a new bike.

（私は新しい自転車を買うつもりはありません。）

ここで 学 習 すること

be going to 〜の否定文は，be動詞のあとに not を入れます。

| 肯定文 | I'm　　 going to buy a bike. | （私は自転車を買うつもりです。） |

↓ be動詞のあとに not を入れる

| 否定文 | I'm **not** going to buy a bike. | （私は自転車を買うつもりはありません。） |

　否定文は，be動詞（am, are, is）のあとに **not** を入れます。「〜するつもりはありません」「〜する予定ではありません」という意味になります。

♪04

I'm going to watch TV.　　（私はテレビを見るつもりです。）
I'm not going to watch TV.　（私はテレビを見るつもりはありません。）

....

Kenji is going to come to the party. （健二はパーティーに来ます。）
Kenji isn't going to come to the party.
　　　　　　　　　　　　（健二はパーティーに来ません。）

✓確認　do や does は 使わない！

　be going to の否定文では，do や does は使いません。

×He *doesn't* going to come.
○He isn't going to come.
（彼は来ません。）

テストで 注意　短縮のしかた

　be動詞の否定文では，短縮のしかたは 2通りあります。（→p.27）

✓チェック問題

次の___に適する語を入れましょう。

(1) 私は明日，外出するつもりはありません。

　　I'm _____ _____ to go out tomorrow.

(2) 彼らはその歌を歌うつもりはありません。

　　They _____ _____ going to sing the song.

解答

(1) not, going

(2) are, not

3 be going to ～の疑問文

「～するつもりですか」とたずねる文とその答え方

基本例文

Are you going to go to the concert?

（あなたはコンサートに行くつもりですか。）

♪05

ここで **学習** すること

be going to ～の疑問文は，be動詞で文を始めます。

ふつうの文 You are going to go there. （あなたはそこに行くつもりです。）

↳ be動詞で文を始める

疑問文 Are you going to go there? （あなたはそこに行くつもりですか。）

---

1 疑問文の形

疑問文は，be動詞で文を始め，**Are you going to ～?** や **Is he going to ～?** の形になります。

「～するつもりですか」「～する予定ですか」という意味になります。

You're going to play tennis after school. ♪06
（あなたは放課後，テニスをするつもりです。）

Are you going to play tennis after school?
（あなたは放課後，テニスをするつもりですか。）

Mary is going to visit Kyoto next summer.
（メアリーは今度の夏に京都を訪れるつもりです。）

Is Mary going to visit Kyoto next summer?
（メアリーは今度の夏に京都を訪れるつもりですか。）

テストで注意 **DoやDoesは使わない！**

be going toの疑問文では，doやdoesは使いません。be動詞で文を始めます。

×*Does* he going to help us?

○Is he going to help us?
（彼は私たちを手伝ってくれるつもりですか。）

be going toの，toのあとの動詞は，いつでも原形でOKだよ。

71

2 答え方

be going toの疑問文には，be動詞（am, are, is）を使って，Yes / Noで答えます。am, are, isは答えの文の主語に合わせて使い分けます。

Are you going to study English tonight? ♪07
　　　　　　　　　　（あなたは今夜，英語を勉強するつもりですか。）
― Yes, I am.　　　　　　　（はい，するつもりです。）
― No, I'm not.　　　　　　（いいえ，するつもりではありません。）

Is Yumi going to make dinner?　（由美が夕食を作るのですか。）
― Yes, she is.　　　　　　（はい，その予定です。）
― No, she isn't.　　　　　（いいえ，その予定ではありません。）

ふつうのbe動詞の疑問文に対する答え方と同じだよ。

3 「何をするつもりですか」の文

「何をするつもりですか」とたずねるときはWhatで文を始め，

What are you going to do?，What is he going to do?

のようにします。

これに対してはbe going toを使って答えます。

What are you going to do after school? ♪08
　　　　　　　　　（あなたは放課後，何をするつもりですか。）
― I'm going to play soccer.　（私はサッカーをするつもりです。）

What is Yukari going to do next Saturday?
　　　　　　　（ゆかりは今度の土曜日に何をするつもりですか。）
― She's going to visit her grandmother.
　　　　　　　（彼女はおばあさんを訪ねるつもりです。）

■参考 「何を作るつもりですか」など

What are you going to do?のdoの代わりに，ほかの動詞を使うこともあります。

・What are you going to make?
（あなたは何を作るつもりですか。）
―I'm going to make tempura.
（私はてんぷらを作るつもりです。）

4　そのほかの疑問詞で始まる疑問文

　Where（どこで）やHow（どうやって）などの疑問詞を使うときも疑問詞で文を始め，are you going to ～?などの疑問文の形を続けます。

> What time are you going to get up tomorrow?　♪09
> 　　　　　　　　　　　　　（あなたは明日，何時に起きるつもりですか。）
> ― I'm going to get up at six.　　（私は6時に起きるつもりです。）
>
> Where are you going to meet him?
> 　　　　　　　　　　　　（あなたはどこで彼に会うつもりですか。）
> ― I'm going to meet him here. （私はここで彼に会うつもりです。）
>
> How long is he going to stay in Japan?
> 　　　　　　　　　（彼はどのくらい日本に滞在する予定ですか。）
> ― He's going to stay for a week.　（1週間滞在する予定です。）

📖**くわしく ▶ Who ～?の疑問文**

　「だれが～するつもりですか」とたずねる文は，Who（だれが）で文を始め，Who is going to ～?の形になります。このwhoは，文の主語の働きをしています。

・Who is going to play the guitar?
　（だれがギターをひく予定ですか。）
　― Ken is.（健です。）

✅ チェック問題

次の＿＿に適する語を入れましょう。

(1)　あなたはこの本を読むつもりですか。―はい，そのつもりです。
　　＿＿＿＿＿＿＿ you ＿＿＿＿＿＿ to read this book?
　　― Yes, I ＿＿＿＿＿＿.

(2)　恵子は夕食を料理するつもりですか。―はい，そのつもりです。
　　＿＿＿＿＿＿ Keiko ＿＿＿＿＿＿ to cook dinner?
　　― Yes, she ＿＿＿＿＿＿.

(3)　彼らはそこで何をするつもりですか。―彼らは踊るつもりです。
　　＿＿＿＿＿＿ ＿＿＿＿＿＿ they going to do there?
　　― They're ＿＿＿＿＿＿ to dance.

解 答

(1)　Are,　going
　　　am

(2)　Is,　going
　　　is

(3)　What,　are
　　　going

73

未来を表すwill

「～でしょう」や「～します」と未来のことを表す文

基本例文

I'll call you tonight.

（私は今夜，あなたに電話します。）

♪10

ここで
学習
すること

「～でしょう」や「～します」と未来のことを表すときは，動詞の前にwillを入れます。willのあとの動詞は原形にします。

| 現在の文 | He   calls me every night. | （彼は毎晩，私に電話します。） |
| 未来の文 | He will call me tonight. | （彼は今夜，私に電話するでしょう。） |

1 未来を表すwill

　未来のことを言うときは，be going toのほかに，**will**を使うこともあります。willは「～でしょう」と予想を表したり，「～します」と意志を表したりするときによく使われます。

2 willの文の形

　willはcan（～できる）と同じ助動詞の仲間なので，主語が何でもwillの形は変わりません。また，willのあとの動詞は必ず**原形**にします。

主語	will		
I	will	play など，動詞の原形	～.
He / She / It など3人称単数			
You や複数			

I will→**I'll**などの短縮形もよく使われます。

> 主語が3人称単数のときも，willのあとの動詞はsなどのつかない原形を使うよ。

📖 **くわしく** → willの短縮形

　〈主語＋will〉の短縮形には，ほかに次のようなものがあります。
・he will→he'll
・she will→she'll
・you will→you'll
・we will→we'll
・they will→they'll
・it will→it'll

It is sunny. （晴れています。）
It will be sunny tomorrow. （明日は晴れるでしょう。）

I will help you. （私があなたを手伝いましょう。）
＝ I'll help you.

He will be here soon. （彼はもうすぐここに来るでしょう。）
＝ He'll be here soon.

3 willとbe going toのちがい

　willとbe going toはどちらも未来を表しますが，意味には少しちがいがあります。

　すでに決めている予定を言うときには **be going to** を使い，今その場で決めたことを言うときには **will** を使う場合が多いです。

I can't carry this bag. （私はこのかばんを運べません。）
— I'll help you. （私が手伝いましょう。）

I'm going to visit Australia this summer.
（私は今年の夏はオーストラリアを訪れる予定です。）

4章／未来の表し方

✓ チェック問題

次の＿＿に適する語を入れましょう。

(1) 私はあなたといっしょに行きます。

　I ＿＿＿＿＿ go with you.

(2) 明日は暑くなるでしょう。

　It ＿＿＿＿＿ ＿＿＿＿＿ hot tomorrow.

解　答

(1) will

(2) will，be

will の否定文

「〜しません」「〜しないでしょう」という文

♪13

She **won't** be here.

（彼女はここに来ないでしょう。）

ここで **学習** すること

willの否定文は，willのあとにnotを入れます。

肯定文 She will　be here.　（彼女はここに来るでしょう。）

↓ willのあとにnotを入れる

否定文 She will not be here.　（彼女はここに来ないでしょう。）

willの否定文は，willのあとに**not**を入れます。「〜しません」「〜しないでしょう」という意味になります。

will notは短縮形の**won't**がよく使われます。

I will be late.	（私は遅刻するでしょう。）	♪14
I won't be late again.	（私は二度と遅刻しません。）	
She will help us.	（彼女は私たちを手伝うでしょう。）	
She won't help us.	（彼女は私たちを手伝わないでしょう。）	

won'tは［wount ウォウント］と発音するよ。「ほしい」の want［want ワント］と区別して発音しよう。

✓ チェック問題

次の＿＿に適する語を入れましょう。

(1) 私は今日はマンガを読みません。

I ＿＿＿＿＿＿ ＿＿＿＿＿＿ read a comic book today.

(2) 今日の午後は晴れないでしょう。

It ＿＿＿＿＿＿ be sunny this afternoon.

解答

(1) will, not

(2) won't

▶will notの短縮形はwon't。

6 willの疑問文

「〜するでしょうか」「〜しますか」とたずねる文とその答え方

基本例文

♪15

Will you be home tomorrow?

（あなたは明日，家にいますか。）

ここで **学習** すること	willの疑問文は，Willで文を始めます。	
	ふつうの文 **You will be home tomorrow.**	（あなたは明日，家にいます。）
	↓ Willで文を始める	
	疑問文 **Will you be home tomorrow?**	（あなたは明日，家にいますか。）

1 疑問文の形

willの疑問文は，**Willで文を始めます。**「〜するでしょうか」「〜しますか」という意味になります。

動詞は主語に関係なく，いつでも**原形**を使います。

Kaori will be here.	（香織はここに来るでしょう。）♪16
Will Kaori be here?	（香織はここに来るでしょうか。）
It will be sunny tomorrow.	（明日は晴れるでしょう。）
Will it be sunny tomorrow?	（明日は晴れるでしょうか。）

2 答え方

willの疑問文には，willを使って，**Yes, 〜 will.** または**No, 〜 will not.** で答えます。will notは短縮形の**won't**がよく使われます。

willの文の形は，全体的にcanと同じパターン。willの文では，動詞はいつも原形を使うよ。

│ 参考 │ 依頼の Will you 〜?

Will you 〜? は未来の疑問文のほかに，「〜してくれますか」と依頼する表現にもなります。（→p.92）

・Will you help me?
（私を手伝ってくれますか。）

Will you be busy tomorrow?	（あなたは明日，忙しいですか。）
— Yes, I will.	（はい，忙しいです。）
— No, I won't.	（いいえ，忙しくありません。）

♪ 17

Will Jane come to the party?	ジェーンはパーティーに来るでしょうか。
— Yes, she will.	（はい，来るでしょう。）
— No, she won't.	（いいえ，来ないでしょう。）

3 疑問詞で始まる疑問文

Whatなどの疑問詞と組み合わせるときは疑問詞を文の最初において，will you ～?などの疑問文の語順を続けます。

♪ 18

What will you do after that? （あなたはそのあと，何をしますか。）
When will Mike come to Japan?
（マイクはいつ日本に来るのでしょうか。）
How will the weather be this weekend?
（今週末の天気はどうでしょうか。）

参考　現在進行形を使った未来の文

現在進行形で未来のことを表す場合もあります。be going toのように「すでに心に決めた予定」を言うときに使われますが，より具体的に決まっていて，もう準備も整っているようなときに使われます。

・I'm meeting Kumi tomorrow.
（私は明日，久美と会います。）
・We are having a party next week.
（私たちは来週，パーティをします。）

☑チェック問題

次の____に適する語を入れましょう。

(1) 明日は雨が降るでしょうか。—いいえ，降らないでしょう。
　　_____ it rain tomorrow? — No, it _____.

(2) ジョンは私たちを手伝ってくれるでしょうか。
　　—はい，手伝ってくれるでしょう。
　　_____ John help us? — Yes, he _____.

(3) 彼らはどこで野球をするでしょうか。
　　_____ _____ they play baseball?

解　答

(1) Will, won't

(2) Will, will

(3) Where, will

定期テスト予想問題 ④

時間 40分
解答 p.239

得点 ／100

1 音声で，2つの絵の場面の会話と，それに続く質問が読まれます。質問の答えとして適切なもの を選び，記号に○をつけなさい。　♪19【8点×2】

(1)

ア　He is going to wait at the station.

イ　He is going to go to a concert.

ウ　He is going to play the piano at the concert.

(2)

ア　She will see a movie.

イ　She will practice tennis.

ウ　She will go to Andy's home.

2 次の文の（　　）内から適する語を選び，記号を○で囲みなさい。　【3点×4】

(1) Mike is going to（ア　go　イ　goes　ウ　going）to Hokkaido.

(2) Her father will（ア　is　イ　was　ウ　be）forty-two years old this month.

(3) （ア　Are　イ　Do　ウ　Will）you going to watch TV after dinner?

(4) She is going to meet Jim（ア　ago　イ　yesterday　ウ　tomorrow）.

3 次の日本文に合う英文になるように，＿＿＿＿＿に適する語を入れなさい。　【4点×3】

(1) アリスは来月にはロンドンにいます。

Alice ＿＿＿＿＿＿＿ ＿＿＿＿＿＿＿ in London next month.

(2) 私は4時になるまで宿題をしないつもりです。

I _____ _____ my homework until 4:00.

(3) あなたは，明日テニスをしますか。

_____ you _____ to play tennis tomorrow?

4 次の文の _____ に適する語を入れて，対話文を完成しなさい。 【10点×2】

(1) *A:* Are you going to walk to school, Ken?

B: Yes, _____ _____.

(2) *A:* _____ _____ you leave for San Francisco?

B: I'll leave next Sunday.

5 対話文が下の表の内容と合うように， _____ に適する英文を書きなさい。 【10点×4】

(1) *John:* Are you going to go to the library on Monday?

Rumi: _____

(2) *John:* Are you going to play tennis on Friday?

Rumi: _____

(3) *John:* What are you going to do tomorrow?

Rumi: _____

(4) *John:* What are you going to do on Wednesday?

Rumi: _____

ルミの今週の予定

日	月	火	水	木	金	土
【今日】	図書館に行く	コンサートに行く	公園に行く	テニスをする	予定なし	ゴルフをする

be going to や will を使ってみよう！

週末の遊びや夏休みの予定について，「〜するつもり」などと言うときの表現を学びましょう。

1 予定を言う ♪20

「〜するつもり」などとすでに決めている予定を言うときには，be going to を使います。

What are you going to do after school?

放課後は何するの？

I'm going to go home and watch TV today.

家に帰ってテレビを見るつもり。

What are you going to do this weekend?

今週末は何するの？

I'm going to go skiing with my family.

家族とスキーに行くんだ。

I'm going to go to Okinawa this summer.

この夏，沖縄に行くんだ。

Really? How long are you going to stay?

本当？
どのくらい
滞在するの？

2 「こうするよ」という意志を伝える ♪21

「私が〜するね」のように，その場で決めたことを言うときは，will が使えます。

私が運びますよ。

ぼくが電話に出るね。

3 こんなときにも使う！ ♪22

未来の文は，天気予報でも使われます。

東京では今日の午後は晴れるでしょう。

ぼくは来月，14歳になるんだ。

自然のなりゆきで起こることも，will を使って表せます。

1 | must

「〜しなければならない」という意味を表す助動詞must

基本例文

I **must** study math.

（私は数学を勉強しなければなりません。）

♪01

ここで学習すること

「〜しなければならない」と言うときは，動詞の前にmustを入れます。mustのあとの動詞は原形にします。

I **must** help my father.　（私は父を手伝わなければなりません。）

「〜しなければならない」の意味。あとの動詞は原形になる

1　助動詞とは

助動詞は，動詞の前に入れてその動詞の働きを助け，意味をつけ加える語です。これまでにcan（〜できる）やwill（〜でしょう）を学習しました。

2　mustの文

mustは，「〜しなければならない」という意味を表す助動詞です。動詞の前に入れて使い，mustのあとの動詞は**原形**にします。

♪02

Emi must study hard. （恵美は熱心に勉強しなければなりません。）
You must read this book. （あなたはこの本を読まなければなりません。）
We must help each other.

（私たちはお互いに助け合わなければなりません。）

> **発展**　「〜にちがいない」のmust
>
> mustには「〜にちがいない」という意味もあります。
>
> ・He must be tired.
>
> （彼は疲れているにちがいありません。）

日本語でも「これはマストです！」なんて言うよね。

2　mustの否定文 / 疑問文

「〜してはいけない」と禁止する文など

基本例文

You **mustn't** swim here.

（あなたたちはここで泳いではいけません。）

ここで学習すること

mustの否定文は「〜してはいけない」という意味で，mustのあとにnotを入れます。

肯定文　**You must　swim here.**（あなたたちはここで泳がなければなりません。）

↓ mustのあとにnotを入れる

否定文　**You must not swim here.**（あなたたちはここで泳いではいけません。）

1　mustの否定文

mustのあとに**not**を入れると「〜してはいけない」という禁止を表します。must notの短縮形は**mustn't**です。

You must not touch this box.　♪04
（あなたはこの箱に触ってはいけません。）

You mustn't eat too much.　（あなたは食べ過ぎてはいけません。）

2　mustの疑問文

疑問文は，**Must**で文を始めます。「〜しなければなりませんか」という意味になります。

♪05

Must I come tomorrow?　（私は明日来なければなりませんか。）

mustn'tの発音が意外だから聞いてみて。

テストで注意 You mustn't 〜.と Don't 〜.

You mustn't 〜.は「〜してはいけません」という禁止の意味なので，中1で学習した否定の命令文Don't 〜.に書きかえる問題が出題されることがあります。

・You mustn't play soccer here.

→Don't play soccer here.

（ここでサッカーをしてはいけません。）

85

have to 〜

「〜しなければならない」という意味を表すhave to 〜

基本例文

♪06

I **have to** go now.

（私はもう行かなければなりません。）

ここで 学習 すること

「〜しなければならない」は，動詞の前に have to を入れて表すこともできます。
to のあとの動詞は原形にします。

I <u>have to</u> go home now. （私はもう家に帰らなければなりません。）

┗→「〜しなければならない」の意味

1 have to の文

「〜しなければならない」と言うときは，mustのほかに **have to** もよく使われます。have to のあとには動詞の**原形**を続けます。

I have to stay home. （私は家にいなければなりません。）♪07
You have to get up early tomorrow.

（あなたは明日，早く起きなければなりません。）

2 主語が3人称単数のとき

主語が3人称単数のときは **has to** の形になります。has to のときも，to のあとの動詞は原形にします。

主語				
I	have	to	play	〜.
He / She / It など3人称単数	has		など，動詞の原形	
You や複数	have			

くわしく 過去のことを言うとき

「〜しなければならなかった」と過去のことを言うときは，haveの過去形のhadを使って，had to 〜の形で表します。

・I had to wait for Lisa.

（私はリサを待たなければなりませんでした。）

リスニング have to, has to の 読み方

have to は ［hǽftu ハフトゥ］と発音されます。

また，has to は，［hǽstu ハストゥ］のように発音されます。

> ♪08
> He has to do his homework. （彼は宿題をしなければなりません。）
> Ken has to go to the hospital.
> （健は病院に行かなければなりません。）

3 mustとhave toのちがい

　mustとhave toはどちらも「～しなければならない」という意味を表しますが，意味には少しちがいがあります。

　mustは「しなければ」という話し手自身の気持ちを表したいときによく使われ，**have to**は何か事情があって「（気持ちとは関係なく）しなければならない」という事実を伝えるときによく使われます。

> 「私はこの本を読まなければなりません。」　♪09
> I must read this book.
> →個人的に興味があって「ぜひ読まなければ」と思っているときなど。
> I have to read this book.
> →宿題などで読まなければならないときなど。

テストで注意　「～しなければならない」の使い分け

　中学の定期テストや高校入試では，mustとhave toの使い分けが問題になることはほとんどありません。どちらも「～しなければならない」という意味を表すということだけ覚えておけばいいでしょう。

> 日常会話で「～しなければならない」と言うときは，mustよりhave toを使う機会のほうがずっと多いんだ。

5章／助動詞

✔チェック問題

次の___に適する語を入れましょう。

(1) 私は今日，夕食を作らなければなりません。
　　I ＿＿＿＿＿＿ ＿＿＿＿＿＿ cook dinner today.

(2) 美紀は毎日テニスを練習しなければなりません。
　　Miki ＿＿＿＿＿ ＿＿＿＿＿ practice tennis every day.

(3) あなたは5時前に帰宅しなければなりません。
　　You ＿＿＿＿＿ ＿＿＿＿＿ be home before five.

解答
(1) have, to
(2) has, to
(3) have, to

4　have to 〜の否定文

「〜する必要はない」という意味を表す文

♪ 10

> ## 基本例文
>
> # You **don't** have to help me.
>
> （あなたは私を手伝う必要はありません。）

ここで学習すること

have to 〜の否定文は，have toの前にdon'tを入れます。主語が3人称単数のときはdoesn'tを入れます。「〜する必要はない」という意味です。

肯定文　**You**　　　**have to help me.**（あなたは私を手伝わなければなりません。）

↓ have toの前にdon'tを入れる

否定文　**You don't have to help me.**（あなたは私を手伝う必要はありません。）

have toの前に**don't**を入れると否定文になり，「〜する必要はない」「〜しなくてもよい」という意味になります。

主語が3人称単数のときは，don'tの代わりに**doesn't**を使います。
toのあとの動詞はいつも**原形**を使うことに注意してください。

主語				
I	don't			
He / She / It など3人称単数	doesn't	have to	play など，動詞の原形	〜.
Youや複数	don't			

R リーディング 📖 don't have toの意味

mustとhave toはどちらも「〜しなければならない」という意味を表しますが，否定形は意味が異なるので，注意しましょう。
must not 〜
＝「〜してはいけない」
don't have to 〜
＝「〜する必要はない」

否定文ではhas toは使わないんだね。

I don't have to go to school today.　♪ 11
（私は今日，学校へ行く必要はありません。）

My father doesn't have to work on Saturdays.
（私の父は土曜日は働く必要はありません。）

5 have to 〜の疑問文

「〜しなければなりませんか」とたずねる文

♪12

Do you have to get up early?

（あなたは早く起きなければなりませんか。）

have to の疑問文は Do で文を始めます。主語が3人称単数のときは，Does を使います。

ふつうの文 **You have to get up early.** （あなたは早く起きなければなりません。）

↓ Do で文を始める

疑問文 **Do you have to get up early?** （あなたは早く起きなければなりませんか。）

「〜しなければなりませんか」という have to の疑問文は **Do** で文を始めます。主語が3人称単数のときは，**Does** を使います。

to のあとの動詞はいつも**原形**を使うことに注意してください。

	主語			
Do	I			
Does	he / she / it など3人称単数	have to	play など，動詞の原形	〜?
Do	you や複数			

♪13

Do I have to be there? （私はそこにいなければいけませんか。）
Does Ken have to finish his homework today?
（健は今日，宿題を終えなければなりませんか。）

くわしく▶ 疑問文への答え方

Do … have to 〜?の疑問文に対しては，ふつうの一般動詞の疑問文に答えるときと同じように，Yes, 〜 do. / No, 〜 don't. で答えます。

主語が3人称単数のときは Yes, 〜 does. / No, 〜 doesn't. で答えます。

テストで注意 have は原形

疑問文・否定文では has to は使いません。疑問文はDoes で文を始め，have to を使いますので注意してください。

× Does Ken *has* to 〜?
○ Does Ken have to 〜?

6 May I ～?

「～してもいいですか」と許可を求めるときの言い方

基本例文 ♪14

May I come in?

（〈部屋に〉入ってもいいですか。）

ここで 学 習 すること

「～してもいいですか」と許可を求めるときは，May I ～?で表します。

May I come in? （入ってもいいですか。）

└─ 許可を求めるときはMay Iを使う

---

1 May I ～?

「～してもよろしいですか」のように相手に許可を求めるときは，**May I ～?** の形でたずねます。May Iのあとには動詞の原形がきます。

mayは許可を表す助動詞で「～してもよい」という意味を表します。

> May I sit here? （ここにすわってもいいですか。） ♪15
> May I have your name, please?（お名前をうかがってもよろしいですか。）

2 May I ～?への答え方

許可を求めるMay I ～?にYes, you may.（よろしい。）などと答えるとえらそうに響くので，次のような表現を使って答えます。

> May I use your pen?（あなたのペンを使ってもいいですか。） ♪16
> — Sure.（もちろん。） — Sure, go ahead.（もちろん，どうぞ。）
> — OK. / All right.（はい。） — No problem.（いいですよ。）
> — Sorry, I'm using it right now.（ごめん，今使っているんです。）

May I ～?はCan I ～?よりもていねいな言い方なんだ。海外旅行でも大活躍するよ。

発展 「～かもしれない」

mayは「～かもしれない」という推量の意味を表すこともあります。
・He may not come today.
（彼は今日は来ないかもしれません。）

S 🎤 断るときは
スピーキング No.だけだと失礼

許可を求められて断るときは，I'm sorry.またはSorry.とあやまったあとで，許可できない理由を述べるようにしましょう。

7　Could you 〜?

「〜していただけますか」とていねいに依頼するときの言い方

基本例文　♪17

Could you open the door, please?

（ドアを開けていただけますか。）

ここで 学 習 すること

「〜していただけますか」とていねいに依頼するときは，could を使って Could you 〜? と表します。

Could you open the door?　（ドアを開けていただけますか。）

└→ ていねいに依頼するときは Could you を使う

1　Could you 〜?

「〜していただけますか」のようにていねいに依頼するときは，**Could you 〜?** の形でたずねます。中1で学習した Can you 〜?（〜してくれる？）のていねいな言い方です。

Could you help me?　（私を手伝っていただけますか。）　♪18
Could you say that again?　（もう一度言っていただけますか。）

2　Could you 〜?への答え方

Could you 〜? には次のような表現を使って答えます。

Could you carry this?　（これを運んでいただけますか。）　♪19
— Sure.（もちろん。）　　— OK.（はい。）
— All right.（はい。）　　— No problem.（いいですよ。）
— Sorry, I have to go now.（ごめん，もう行かないといけないんです。）

参考　could は can の過去形

could は助動詞 can の過去形で，「〜できた」の意味で使われることもあります。

・I couldn't find her.
（私は彼女を見つけることができませんでした。）

Could you 〜? は便利な依頼の表現。会話でも非常によく使われるし，入試でもよく問われるよ。

Will you 〜? / Would you 〜?

「〜してくれますか」と依頼するときの言い方

基本例文

Will you close the window?

（窓を閉めてくれますか。）

♪20

ここで
学 習
すること

> Will you 〜?を使って「〜してくれますか」と依頼することもできます。
> よりていねいな Would you 〜?という言い方もあります。
>
> **Will you close the window?** （窓を閉めてくれますか。）
> └ Will you は依頼の表現としても使われる

1 Will you 〜?

Will you 〜? は未来についてたずねる疑問文（→p.77）ですが，
「〜してくれますか」という依頼の表現としても使われます。

Will you carry my bag?	（私のかばんを運んでくれますか。）♪21
— Sure.	（いいですよ。）
Will you turn off the TV?	（テレビを消してくれますか。）
— All right.	（いいですよ。）

2 Would you 〜?

will のかわりに would を使って **Would you 〜?** とすると，
Will you 〜?よりもていねいな言い方になります。

Would you take my picture?	（私の写真を撮ってくれますか。）♪22
— Sure.	（もちろん，いいですよ。）

くわしく　答え方

Will you 〜? / Would you 〜?に対する答え方は Could you 〜?のときと同じです。（→p.91）

スピーキング　ていねいに頼みたいなら Could you 〜?

Will you 〜?は必ずしもていねいな依頼の表現ではありません。言い方によっては，命令文に近い印象を与える可能性もあります。

Would you 〜?はていねいですが，Could you 〜?のほうが幅広い場面で無難に使えます。

参考　would は will の過去形

would は助動詞 will の過去形です。英語では一般的に，助動詞の過去形を使うことでていねいさや控えめな感じを表すことができます。

9　I'd like 〜. / Would you like 〜?

「〜がほしい」のていねいな言い方

基本例文

♪23

Would you like some tea?

（お茶はいかがですか。）

ここで
学　習
すること

I'd like 〜. は「私は〜がほしいです」，Would you like 〜?は「〜はいかが
ですか」というていねいな言い方です。

Would you like some tea?　　（お茶はいかがですか。）

┗ Would you like 〜?は「〜はいかがですか」の意味

1　I'd like 〜.

I would like 〜.は I want 〜.（私は〜がほしい）のていねいな
言い方で，「〜がほしいのですが」のように自分の希望を控えめに伝え
るときに使われます。ふつう I would を **I'd**に短縮した形で使われます。

I'd like some water.　　（お水をいくらかほしいのですが。）　♪24

2　I'd like to 〜.

I would like to 〜.は I want to 〜.のていねいな言い方で，
「〜したいのですが」のように自分のしたいことを控えめに伝えると
きに使われます。ふつう短縮した**I'd like to 〜.**の形で使われます。

♪25

I'd like to go to the bathroom.　　（お手洗いに行きたいのですが。）

I'd like to 〜.で
「〜したいのですが」
というていねいな言
い方になるよ。

3 **Would you like ～?**

Would you like ～? は Do you want ～?（～がほしいですか）のていねいな言い方で、「～はいかがですか」のように相手の希望をたずねたり、食べ物や飲み物をすすめたりするときなどに使われます。

♪26
Would you like some more?（〈食べ物などを〉もっといかがですか。）
— Yes, thank you.　　　　　（はい、ありがとう。）
What would you like?　　（何がほしいですか。）
— I'd like some tea.　　　（お茶がほしいです。）

4 **Would you like to ～?**

Would you like to ～? は Do you want to ～?のていねいな言い方で、「～したいですか」「～するのはいかがですか」のように相手の希望をていねいにたずねるときに使われます。

Would you like to come?　　　（いらっしゃいませんか。）　♪27
— Yes, I'd love to.　　　　　　（はい、ぜひ行きたいです。）
Would you like to leave a message?
　　　　　　　　　　　　　（〈電話で〉伝言を残されますか。）

✓ チェック問題

次の＿＿に適する語を入れましょう。

(1) 何がほしいですか。—私はコーヒーがほしいです。

　　 What ＿＿＿＿＿＿ ＿＿＿＿＿＿ like?

　　 — ＿＿＿＿＿＿ like some coffee, please.

(2) 何か飲みたいですか。—だいじょうぶです、ありがとう。

　　 ＿＿＿＿＿＿ you like to drink something?

　　 — I'm fine, thank you.

解答

(1) would,　you
　　 I'd

(2) Would

10 should

「〜したほうがいい」という意味を表す助動詞

基本例文

♪28

You **should** read this book.

（この本を読んだほうがいいですよ。）

ここで
学習
すること

shouldは「〜したほうがいい」「〜すべきだ」という意味を表します。

You <u>should</u> read this book. （この本を読んだほうがいいですよ。）

└─「〜したほうがいい」

1 should

shouldは「〜したほうがいい」「〜すべきだ」という意味を表します。shouldのあとには動詞の原形が続きます。

♪29

Kumi should practice more. （久美はもっと練習したほうがいい。）
We should help each other. （私たちはお互いに助け合うべきです。）
You should see a doctor. （あなたは医者に行ったほうがいい。）

2 should の疑問文

Should I 〜? は「（私が）〜したほうがいいですか」の意味です。

♪30

Should I open the window?
（窓を開けたほうがいいですか。）

What should I do? （私は何をしたらいいですか。）

Which train should I take? （どちらの電車に乗ったほうがいいですか。）

参考 shouldはshallの過去形

実は，shouldは助動詞shallの過去形ですが，中学ではshallの過去形としての用法は学習しません。shouldは「〜すべきだ」という意味の助動詞として覚えておくだけでよいでしょう。

S スピーキング 申し出のShould I 〜?

Should I 〜? はShall I 〜?（→p.96）の代わりに「〜しましょうか」という申し出の意味で使われることもあります。

・Should I open the door?
（ドアを開けましょうか。）
— Yes, thanks. （はい，ありがとう。）

11　Shall I 〜? / Shall we 〜?

「〜しましょうか」と提案したり申し出たりするときの言い方

♪31

基本例文

Shall I help you?

（お手伝いしましょうか。）

ここで
学習
すること

「（私が）〜しましょうか」と相手に申し出るときは Shall I 〜? で表します。

<u>Shall I help you?</u>　　（お手伝いしましょうか。）

└─ 申し出るときは Shall I を使う

1　Shall I 〜?

Shall I 〜?で「（私が）〜しましょうか」という提案・申し出を表すことができます。Shall I のあとには動詞の原形がきます。

Shall I open the window?	（窓を開けましょうか。）
— Yes, please.	（はい，お願いします。）

♪32

2　Shall we 〜?

Shall we 〜?で「（私たちでいっしょに）〜しましょうか」と誘うことができます。Shall we のあとには動詞の原形がきます。

Shall we go to the movies?	（映画に行きましょうか。）
— Sounds nice.	（いいですね。）

♪33

くわしく──答え方

Shall I 〜?に対しては次の答え方がよく使われます。
・Yes, please. （はい，お願いします。）
・Yes, thank you. （はい，ありがとうございます。）
・No, thank you. （結構です，ありがとうございます。）
　断る場合でもthank youと言うのがマナーです。

スピーキング　Shall we 〜?よりもくだけた誘い方

Shall we 〜?は一方的に誘うだけのLet's 〜.と比べてていねいな誘い方です。shallには上品で改まった感じがあるので，友達などに対しては，より気軽なDo you want to 〜?（〜したいですか）やWhy don't we 〜?（〜しませんか）などの言い方を好む人もいます。

定期テスト予想問題 ⑤

時間 ▶ 40分
解答 ▶ p.240

得点 ／100

5章／助動詞

1 次の _____ に適する語を下から選んで書き入れ，日本文に合う英文を完成しなさい。ただし，同じ語を2度使わないこと。 【3点×4】

(1) _____ I open the window?

（窓を開けましょうか。）

(2) _____ I close the door?

（ドアを閉めてもいいですか。）

(3) _____ you carry my bags?

（私のかばんを運んでくれませんか。）

(4) _____ I write the answer in English?

（私は答えを英語で書かなければなりませんか。）

> Must　May　Would　Shall

2 次の日本文に合う英文になるように，_____ に適する語を入れなさい。 【5点×6】

(1) アリスは今，宿題をしなければなりません。

Alice _____ _____ do her homework now.

(2) この授業では日本語を使ってはいけません。

You _____ _____ use Japanese in this class.

(3) 公園に行きましょうか。

_____ we _____ to the park?

(4) あなたはおなかがすいているにちがいない。

You _____ _____ hungry.

(5) デイビッドは，今日はここに来ないかもしれません。

David _____ _____ come here today.

(6) ナンシーはお母さんを手伝わなければなりませんか。

_____ Nancy _____ _____ help her mother?

3 次の(1)～(4)の問いの文に対する最も適切な答えの文を，ア～エの中から選び，記号で答えなさい。ただし，同じ答えを2度使わないこと。 【3点×4】

(1) Do I have to wait here?　　（　　）　　ア　Yes, please.

(2) May I sit down?　　（　　）　　イ　Yes, you do.

(3) Must I go now?　　（　　）　　ウ　No, you don't have to.

(4) Shall I call him?　　（　　）　　エ　Sure.

4 次の文を [　　] 内の指示にしたがって書きかえなさい。 【5点×2】

(1) Jenny has to make breakfast. ［文の終わりにyesterdayを加えて］

_____ yesterday.

(2) Jim has to go now. ［疑問文に］

_____ now?

5 次の日本文に合う英文になるように，[　　] 内の語を並べかえ，正しい英文を完成しなさい。ただし，1語不足しているので補うこと。 【6点×2】

(1) うそをついてはいけません。　You [lie, tell, must, a].
You _____ .

(2) あなたは私といっしょに来なくていいですよ。　You [with, have, come, me, to].
You _____ .

6 次のような場合，英語ではどう言いますか。（　　）内の語を使って，その英文を書きなさい。 【8点×3】

(1) 手伝いましょうか，と相手の人に申し出るとき。（shall）

_____

(2) 相手の人の辞書を使ってもよいか，と許可を求めるとき。（may）

_____

(3) 窓を開けてくれませんか，と相手にていねいに依頼するとき。（would）

_____

使う Column

助動詞を使ってみよう！

must や should などの助動詞は，動詞にいろいろな意味をつけ加える働きをします。

1 「〜しなきゃ」と言うとき ♪34

have to は，「〜しなければならない」と言うときに使います。

Oh, I have to go now!

I have to be home by seven.

あ，もう行かなきゃ！

7時までに帰らないと。

2 アドバイスするとき ♪35

「〜したほうがいいよ」などと忠告・助言するときは，should が使えます。

You shouldn't eat too much.

You should eat more vegetables.

お肉ばっかり……

食べ過ぎはよくないよ。

もっと野菜食べなよ。

③ すすめるとき ♪36

食べ物や飲み物をすすめるときには，Would you like 〜? を使います。

Would you like some tea?

Yes, thank you.

Oh!

お茶はいかが？　　　　　　　　　　　　　　　　　　　　　　　うん，ありがとう。

④ こんなときにも使う！ ♪37

許可を求める May I 〜? の表現は下のような場面でも使われます。

電話で…

May I speak to Ann, please?

アンをお願いします。

ショッピングで…

May I try this on?

これ，試着してもいいですか。

レストランで…

May I have the check, please?

お会計をお願いします。

6章

There is ～.

There is 〜.

「…に〜があります」「…に〜がいます」という文

基本例文

There is a book on the desk.

(机の上に本が〈1冊〉あります。)

♪01

ここで 学 習 すること

「(ある場所に) 〜があります」「〜がいます」は There is 〜. で表します。

[名詞が単数] There is <u>a book</u> on the desk.

┗━ 単数なので is を使う　　　(机の上に本が〈1冊〉あります。)

[名詞が複数] There are <u>two books</u> on the desk.

┗━ 複数なので are を使う　　　(机の上に本が2冊あります。)

1 「〜があります」

「本が1冊あります」のように, 何かが「ある」と言うときには **There is 〜 .** (短縮形は **There's**) を使います。本 (a book) などの名詞は There is のあとにおきます。

物が「ある」と言うときだけでなく, 人や動物が「いる」と言うときにも使います。

♪02

There is a dish on the table.　(テーブルの上に皿が1枚あります。)
There's a cat under the chair.　(いすの下にねこが1匹います。)

2 複数の場合

「何冊か本があります」「たくさんの人がいます」のように複数の物

くわしく **There is 〜. の There の意味**

there は本来「そこ (に)」という意味ですが, There is の There には特に「そこ」という意味はありません。「そこに〜がある」と言うときは There is a book <u>there</u>. のように文末に there をつけます。

参考 **There is 〜. の文の 主語**

There is の文は, 形の上では There が主語に見えますが, 意味の上ではそのあとの名詞 (a dish など) が主語になります。

が「ある」,複数の人が「いる」と言うときには**There are ～.**を使います。

あとにくる名詞が単数か,複数かによってisとareを使い分けることに注意しましょう。

There are some books on the desk.
（机の上に何冊か本があります。）
There are a lot of people on the train.
（電車にたくさんの人が乗っています。）

3 場所を表す語句

「机の上に本が1冊あります。」のように,「どこにあるのか」を表す語句は,ふつうは文の最後におきます。

場所を表すときによく使われる語句を,前置詞といっしょに覚えておきましょう。

in（～の中に）	in the box（箱の中に）, in the room（部屋の中に） in the park（公園に）
on（～の上に〈接触して〉）	on the desk（机の上に）, on the wall（壁に）
under（～の下に）	under the desk（机の下に）
by（～のそばに）	by the window（窓のそばに）
near（～の近くに）	near the station（駅の近くに）

4 「～がありました」

「～がありました」「～がいました」のように過去のことについて言うときには,be動詞を過去形にします。

名詞が単数のときは**There was ～.**を,複数のときは**There were ～.**を使います。

右段：

 発展 **特定のものには使えない**

There isは「相手にとって未知のもの」の存在を伝える文です。そのため,myやyourなどがついた名詞は,Thereの文では使わないのが原則です。

「あなたの本は机の上にあります。」

×There is *your* book on the desk.

○Your book is on the desk.

テストで注意 **have を使った書きかえ**

「～がある」という文は,haveを使って表すことができる場合もあるので,書きかえる問題が出題されることがあります。

・There are five rooms in my house.

→My house has five rooms.
（私の家には部屋が5つあります。）

There was a dog under the tree. （木の下に1匹の犬がいました。） ♪04

There were a lot of people in the park.
（公園にはたくさんの人がいました。）

There was an earthquake last night.
（昨夜，地震がありました。）

5 「〜があるでしょう」

There will be ~. で未来のことについて「〜があるでしょう」と言うことができます。

There will be a school festival next month. ♪05
（来月，学校祭があります。）

次の____に適する語を入れましょう。

(1) 私の家の近くに公園があります。

There _____ a park near my house.

(2) ベッドの上にねこが2匹います。

_____ _____ two cats on the bed.

(3) 壁に絵が1枚かかっていました。

There _____ a picture _____ the wall.

(4) 教室に生徒が5人いました。

_____ _____ five students in the classroom.

| 解 答 |

(1) is

(2) There, are

(3) was, on

(4) There, were

2 There is 〜. の否定文

「…に〜がありません」「…に〜がいません」という文

♪06

> **基本例文**
>
> ## There aren't any restaurants around here.
>
> (このあたりにはレストランは〈1つも〉ありません。)

> **ここで 学 習 すること**
>
> There is 〜. / There are 〜. の否定文は，be動詞のあとに**not**を入れます。
>
> ふつうの文 **There is a restaurant here.** （ここにはレストランがあります。）
>
> ↓ be動詞のあとにnotを入れる
>
> 否定文 **There is not a restaurant here.** （ここにはレストランはありません。）

1 「〜がありません」

There is 〜. / There are 〜. の否定文は，**be動詞のあとにnot**を入れます。

> There is a movie theater in my town. ♪07
> 　　　　　（私の町には映画館が〈1つ〉あります。）
> There isn't a movie theater in my town.（私の町には映画館はありません。）
> ‥‥‥‥‥‥‥‥‥‥‥‥‥‥‥‥‥‥‥‥‥‥‥‥‥‥‥‥
> There are many people here.（ここにはたくさんの人がいます。）
> There are not many people here.
> 　　　　　（ここにはあまりたくさんの人はいません。）

2 「1つもありません」

There are 〜. の否定文では，しばしばThere aren't **any** 〜. のようにanyが使われます。not any 〜 で「〜が1つもありません」「〜が少しもありません」などの意味になります。

> **W✎** ライティング **someとanyの使い分け**
>
> someを使った文を否定文に書きかえるときは，someはふつうanyにかえます。
>
> ・There are <u>some</u> cards on the desk.
> （机の上にカードが何枚かあります。）
>
> →There aren't <u>any</u> cards on the desk.
> （机の上にカードは〈1枚も〉ありません。）

anyのあとの名詞が数えられる名詞（→p.218）のときは，名詞を複数形にします。

There are not any ～.（～は1つもありません）と同じような意味で，There are **no** ～.と言うこともあります。

> There aren't any convenience stores around here. ♪08
> 　　　　（このあたりにはコンビニエンスストアが〈1つも〉ありません。）
> There isn't any water in the cup.
> 　　　　（カップの中には水が〈少しも〉ありません。）
> There are no hospitals in this village.
> 　　　　（この村には病院が〈1つも〉ありません。）

> ♪くわしく── **no** の働き
>
> 　noはnot anyとほぼ同じで，「1つもない」「1人もいない」という意味です。noには否定の意味がすでに含まれているので，noとnotを両方使う必要はありません。
> 「～は1つもありません」
> ○There aren't any ～.
> ○There are no ～.
> ×There *aren't* no ～.

3 「～がありませんでした」

「～がありませんでした」という過去の否定文は，be動詞を過去形にします。名詞が単数なら**was**を，複数なら**were**を使います。

> There wasn't a window in the room. 　♪09
> 　　　　（その部屋には窓がありませんでした。）
> There were no flowers in the garden.
> 　　　　（その庭には花が〈1本も〉ありませんでした。）

☑チェック問題

次の文を否定文に書きかえるとき，＿＿に適する語を入れましょう。

(1) There are many flowers in the park.

　　→There ＿＿＿＿＿＿ many flowers in the park.

(2) There were some stores near here.

　　→There ＿＿＿＿＿ ＿＿＿＿＿ stores near here.

解　答

(1) aren't

(2) weren't, any
　　[were, no]

106

3 There is ～.の疑問文

「…に～がありますか」「…に～がいますか」とたずねる文とその答え方

基本例文

♪ 10

Is there a book on the desk?

（机の上に本がありますか。）

There is ～. / There are ～.の疑問文はbe動詞で文を始めます。

| ふつうの文 | **There is a book on the desk.** | （机の上に本があります。） |

| 疑問文 | **Is there a book on the desk?** | （机の上に本がありますか。） |
Isで文を始める

1 「～がありますか」の文

　「～がありますか」とたずねる文はbe動詞で文を始めます。名詞が単数のときは **Is there ～?**，複数のときは **Are there ～?** の形になります。

　過去の場合は **Was there ～? / Were there ～?** の形でたずねます。

♪ 11

There is a table in the room. （その部屋にはテーブルがあります。）
Is there a table in the room? （その部屋にはテーブルがありますか。）

There were some dictionaries on the shelf.
　　　　　　　　　　　　　（棚に何冊か辞書がありました。）
Were there any dictionaries on the shelf?
　　　　　　　　　　　　　（棚に辞書がありましたか。）

テストで注意 **someとanyの使い分け**

　someを使った文を疑問文に書きかえるときは，someはふつうanyに変えます。

・There are <u>some</u> eggs in the box.
（箱の中に卵が数個あります。）
→Are there <u>any</u> eggs in the box?
（箱の中に卵がありますか。）

2 答え方

Is there 〜?などの疑問文には，thereを使って次のように答えます。

疑問文	Yesの答え	Noの答え
Is there 〜?	Yes, there is.	No, there is not.
Are there 〜?	Yes, there are.	No, there are not.
Was there 〜?	Yes, there was.	No, there was not.
Were there 〜?	Yes, there were.	No, there were not.

♪12

Is there a post office near here? (この近くに郵便局はありますか。)
—Yes, there is. (はい，あります。)
—No, there's not. (いいえ，ありません。)

Were there a lot of people in the store? (そのお店にはたくさんの人がいましたか。)
—Yes, there were. (はい，いました。)
—No, there weren't. (いいえ，いませんでした。)

3 「いくつありますか」

「いくつの〜がありますか」のように数をたずねるときは〈How many＋名詞の複数形〉で文を始め，are there 〜?の形を続けます。

How many students are there in your school? ♪13
(あなたの学校には何人の生徒がいますか。)
—There are about 500. (約500人います。)

参考 「何がありますか」とたずねる文

「…に何がありますか」とたずねる文は，Whatで文を始め，isを続けます。isのあとに場所を表す語句をおきます。
・What's under the chair?
(いすの下に何がありますか。)
—There is a ball.
(ボールが1個あります。)

テストで注意 How manyのあとは複数形

How manyのあとの名詞は複数形にします。
×How many *student* 〜?
○How many students 〜?

☑チェック問題

次の文を疑問文に書きかえるとき，____に適する語を入れましょう。

(1) There is a hat on the desk.

→_____ _____ a hat on the desk?

(2) There were some pictures on the wall.

→_____ there _____ pictures on the wall?

解 答

(1) Is, there

(2) Were, any

定期テスト予想問題 ⑥

時間 40分
解答 p.240

得点 ／100

---

1 次の文の( )内から適する語を選び，記号を○で囲みなさい。 【2点×3】

(1) There (ア is イ are ウ were) a piano in the room.

(2) (ア Has イ Are ウ Do) there any flower shops near here?

(3) There (ア is イ are ウ am) a lot of water in the lake.

2 次の日本文に合う英文になるように，_____ に適する語を入れなさい。 【4点×5】

(1) この部屋には窓がありません。
_____ _____ a window in this room.

(2) 私は今，駅の近くにいます。
_____ _____ _____ the station now.

(3) 通りには人がいますか。
_____ _____ _____ people on the street?

(4) いいえ，いません。[(3)の答え]
No, _____ _____.

(5) 机の上には本がたくさんありました。
_____ _____ _____ books on the desk.

3 次の英文を日本語になおしなさい。 【6点×4】

(1) There is an interesting story in this book.
( )

(2) Were there any libraries in your town?
( )

(3) How many days are there in September?
( )

(4) How much money was there in this box?
( )

4 次の文を[　　]内の指示にしたがって書きかえなさい。　　　　　　　　　　　　　[5点×4]

(1) There is a house over there.　[aをsomeにかえて]

There ＿＿＿＿＿＿＿ some ＿＿＿＿＿＿＿ over there.

(2) There were no chairs in the room.　[同じ内容の文に]

There were ＿＿＿＿＿＿＿ ＿＿＿＿＿＿＿ chairs in the room.

(3) Tokyo has a lot of tall buildings.　[同じ内容の文に]

＿＿＿＿＿＿＿ ＿＿＿＿＿＿＿ a lot of tall buildings ＿＿＿＿＿＿＿ Tokyo.

(4) There are some questions about this book.　[否定文に]

＿＿＿＿＿＿＿ ＿＿＿＿＿＿＿ ＿＿＿＿＿＿＿ questions about this book.

5　次の日本文に合う英文になるように，[　　]内の語を並べかえなさい。ただし，不要な語が1つずつあります。　　　　　　　　　　　　　　　　　　　　　　　　　　　　　[6点×3]

(1) 公園には子どもたちがたくさんいます。

[the, lot, children, has, a, there, park, of, are, in].

_____

(2) びんの中には水は入っていませんでした。

[was, water, bottle, the, some, there, any, not, in].

_____

(3) 私の自転車はあの大きな木の近くにあります。

[there, bike, my, that, is, near, tree, big].

_____

6　次の日本文を英語になおしなさい。　　　　　　　　　　　　　　　　　　　　[6点×2]

(1) 私の部屋にはテレビがありません。

_____

(2) あなたの学校には生徒が何人いますか。　（be動詞を使って）

_____

7章

動詞と文型

1 look（〜に見える）

動詞lookを使ったSVCの文型

♪01

Kumi **looks** happy.

（久美はうれしそうに見えます。）

ここで
学習
すること

A look(s) B.で「AはBに見える」という意味を表します。

Kumi　looks　happy.　（久美はうれしそうに見えます。）
主語　　〜に見える　　形容詞
└──主語＝形容詞の関係──┘

1 lookの2つの意味

　動詞**look**には「見る，目を向ける」という意味のほかに「〜（のよう）に見える」という意味もあります。

　「〜を見る，〜に目を向ける」という意味のときはLook at me.（私を見て。）のようにatがつきますが，「〜（のよう）に見える」という意味のときはatはつきません。

2 look＋形容詞

　「〜に見える」と言うときは，動詞**look**のあとに形容詞を続けます。主語と形容詞がイコールの関係になっています。

　主語が3人称単数で現在形のときは，lookに3単現のsが必要です。また，過去のことを言うときは過去形のlookedにします。

You look tired.	（あなたは疲れて見えます。） ♪02
Takuya looks sleepy.	（拓也は眠そうに見えます。）
The pizza looked good.	（そのピザはおいしそうに見えました。）

> look atは「〜を見る」だけど，〈look＋形容詞〉は「〜に見える」という意味だよ。

発展 SVCの文

　You look tired.のtiredのように，主語とイコールの関係になる形容詞や名詞を補語（complement）といいます。I'm Kumi.のKumiも補語です。主語（Subject）＋動詞（Verb）＋補語（Complement）という語順になっているこのような文は「SVCの文」と呼ばれることがあります。

3 (look like＋名詞

「（まるで）くじらのように見える」「（まるで）顔のように見える」のように「（まるで）〜のように見える」と言うときは，**look like** のあとに名詞を続けます。

この like は「好きだ」という意味の動詞ではなく，「〜のように」という意味の前置詞です。

> That cloud looks like a whale. ♪03
> （あの雲はくじらのように見えます。）
>
> The rock looked like a face. （その岩は顔のように見えました。）

参考 look like

「〜に似ている」という意味で look like を使うこともあります。
・Emi really looks like her mother.（絵美は本当にお母さんに似ています。）

テストで注意 look と look like の使い分け

look のあとが形容詞のときは like は不要で，名詞のときは like が必要です。
・He looks busy.
（彼は忙しそうに見えます。）
・He looks like a teacher.
（彼は先生のように見えます。）

参考 look と同じ文型をつくる動詞

look のほかに sound（〜に聞こえる→p.114），feel（〜に感じる），taste（〜の味がする），smell（〜のにおいがする）も同じ文型をつくります。

☑ チェック問題

次の＿＿に適する語を入れましょう。

(1) 高野さんはとても若く見えます。

Ms. Takano ＿＿＿＿＿ very young.

(2) あなたは今日，うれしそうに見えます。

You ＿＿＿＿＿ happy today.

(3) 今朝，彼は忙しそうでした。

He ＿＿＿＿＿ busy this morning.

(4) その男の人は警察官のように見えました。

The man ＿＿＿＿＿ ＿＿＿＿＿ a police officer.

解答

(1) looks

(2) look

(3) looked

(4) looked, like

2　sound（〜に聞こえる）

動詞 sound を使った SVC の文型

♪ 04

基本例文

That **sounds** interesting.

（それはおもしろそうですね。）

ここで
学習
すること

A sound(s) B. で「A は B に聞こえる」という意味を表します。
That　sounds　interesting.（それはおもしろそうに聞こえます。）
　主語　　〜に聞こえる　　　形容詞
　　　└──主語＝形容詞の関係──┘

---

1 「〜に聞こえる」の sound

「〜に聞こえる」と言うときは，動詞 **sound** のあとに形容詞を続けます。主語と形容詞がイコールの関係になっています。「それはいいね！（よさそうに聞こえるね）」と応じるときによく使います。

Why don't we go camping?　　　　　　♪ 05
　—That sounds great!　（キャンプに行かない？ — それはいいね！）
Your plan sounds good.　（あなたの計画はよさそうに聞こえます。）

2 sound like ＋名詞

「（まるで）〜のように聞こえる」と言うときは，**sound like** のあとに名詞を続けます。

"Alisa" sounds like a Japanese name.　　♪ 06
　　　　　　　（「アリサ」は日本人の名前のように聞こえます。）

テストで注意 動詞の形に注意

　主語が 3 人称単数で現在の文のときは，sound に 3 単現の s が必要です。過去のことを言うときは過去形の sounded にします。

くだけた会話では，「いいね！」は Sounds good! / Sounds great! みたいに言うよ。

3 become, get（〜になる）

動詞 become と get を使った SVC の文型

Yuki **became** famous.

（由紀は有名になりました。）

♪07

ここで
学習
すること

A become(s) B. で「AはBになる」という意味を表します。

Yuki   became   famous.　（由紀は有名になりました。）

主語　　〜になった　　形容詞

└──主語＝形容詞の関係──┘

1 「〜になる」の become

「AがBになる」と言うときは、**「〜になる」**という意味の動詞 **become** を使って、A become(s) B. の文で表します。

become のあとには名詞がくることも、形容詞がくることもあります。主語（A）と、名詞または形容詞（B）がイコールの関係になっています。

♪08

My brother became a doctor.　（私の兄は医師になりました。）
We became good friends.　（私たちはよい友達になりました。）

主語が3人称単数で現在の文のときは、become に3単現のsが必要です。また、過去のことを言うときは過去形の became にします。

参考 「〜になる」の be

「（未来に）〜になる」と言うときは、become のかわりに be（be 動詞）がよく使われます。（次の文は①②どちらも正しいですが、②のほうがよく使われます。）

「私は来週15歳になります。」
①I'll become 15 next week.
②I'll be 15 next week.

「私は看護師になりたい。」
①I want to become a nurse.
②I want to be a nurse.

2 「〜になる」のget

getは「手に入れる」という意味の動詞ですが，あとに形容詞がきて「〜（という状態）になる」という意味で使われることもあります。

A get(s) B.で「AがBになる」という意味を表します。主語（A）と形容詞（B）がイコールの関係になっています。

It's **getting** dark outside.　（外は暗くなってきています。）　♪09
You'll **get** well soon.　（あなたはすぐによくなりますよ。）

「〜になる」の意味でgetのあとにくるのは形容詞だけです。右のような〈get＋形容詞〉の組み合わせがよく使われます。

get well	(体調が)よくなる
get angry	怒る
get tired	疲れる
get interested	興味を持つ
get lost	道に迷う
get ready	準備ができる
get dark	暗くなる
get cold	寒くなる

くわしく — is getting 〜の意味

It's getting dark.のような現在進行形は「（だんだん）暗くなってきている，暗くなりつつある」という変化を表しています。「すでに暗くなっている」という完了した状態を表すわけではないことに注意してください。

「〜になる」の意味でgetを使うのは，左のような形容詞のときだけだよ。

✔チェック問題

次の＿＿に適する語を入れましょう。

(1) 私の姉は英語の先生になりました。

　　My sister ＿＿＿＿＿＿ an English teacher.

(2) 最近寒くなってきています。

　　It's ＿＿＿＿＿＿ cold these days.

(3) 私は歴史に興味を持つようになりました。

　　I ＿＿＿＿＿＿ interested in history.

解　答

(1)　became

(2)　getting[becoming]

(3)　got[became]

4 give（与える），send（送る）

give と send を使った SVOO の文型

基本例文

I **gave** him a birthday present.

（私は彼に誕生日プレゼントをあげました。）

♪10

ここで 学習 すること

「AにBを与える」は，giveのあとにA（人）とB（物）を続けます。

I gave <u>him</u> <u>a present</u>.　（私は彼にプレゼントをあげました。）
　動詞　（人）に　　（物）を

1 give A B （AにBを与える）

「彼にプレゼントをあげる」のように「A(人) に B(物) を与える」と言うときは，動詞 **give**（与える）を使って，give him a presentのようにgive **A(人)** **B(物)** の語順で表します。

Aに代名詞がくるときは，me（私に），him（彼に），her（彼女に）などの目的格になります。

I'll give you some advice.（あなたにアドバイスをあげます。）♪11
She gave me chocolate.　（彼女は私にチョコレートをくれました。）

「A(人) に B(物) を与える」は，give B(物) to A(人) の形で表すこともあります。「彼女は私にチョコレートをくれました。」は，She gave me chocolate.の代わりにShe gave chocolate <u>to</u> me.と言うこともあります。

✔確認 過去形

give（与える），send（送る）はどちらも不規則動詞。giveの過去形はgave，sendの過去形はsentです。

発展 目的語とは

I play tennis.（私はテニスをします。）のtennisや，I met him.（私は彼に会いました。）のhimのように，動詞のあとにきて「〜を」「〜に」の意味を表す語句を，動詞の目的語（object）と言います。

giveやshowは「（人）に」「（物）を」という2つの目的語を同時に持つことができる特別な動詞です。主語（S）＋動詞（V）＋目的語（O）＋目的語（O）という語順になっているこのような文は「SVOOの文」と呼ばれることがあります。

117

2　send A B　（AにBを送る）

「あなたに写真を送る」のように「A（人）に B（物）を送る」と言うときは，動詞 **send**（送る）を使って，send you a picture のように send A（人） B（物） の語順で表します。

Aに代名詞がくるときはme, himなどの目的格になります。

I'll send you some pictures.　（あなたに写真を送ります。）　♪ 12
I sent him an e-mail last week.

（私は先週，彼にメールを送りました。）

「A（人） に B（物） を送る」は，send B（物） to A（人） の形で表すこともあります。「私は彼にメールを送りました。」は，I sent him an e-mail. の代わりに I sent an e-mail <u>to</u> him. と言うこともあります。

📖 くわしく ── **語順に注意**

「AにBを与える」「AにBを送る」はそれぞれ2つの言い方があり，書きかえ問題が出題されることもあります。語順を間違えないように注意しましょう。
「彼に本をあげる」
①give him a book
②give a book to him
「彼に本を送る」
①send him a book
②send a book to him

📝 テストで 注意 ── **×give me itと言うのは誤り**

「（物）を」にあたる語がit（それ）またはthem（それら）のときは，次の②の言い方が適切です。
「それを私にください。」
①× Give me it.
②○ Give it to me.

✅ チェック問題

次の [　] 内の語句を並べかえて，英文を完成しましょう。

(1)　あなたにこの本をあげましょう。[you / give / this book]
　　I'll _____.

(2)　由紀は私に手紙を送りました。[a letter / sent / me]
　　Yuki _____.

(3)　私は健二に本をあげました。[to / gave / Kenji / a book]
　　I _____.

解　答
(1)　give you this book
(2)　sent me a letter
(3)　gave a book to Kenji

5 tell(伝える), show(見せる), teach(教える)

tell, show, teachを使ったSVOOの文型

基本例文 ♪13

Please **tell** me your phone number.

（あなたの電話番号を私に教えてください。）

ここで学習すること

「AにBを伝える」は，tellのあとにA（人）とB（物）を続けます。

Tell me your phone number. （電話番号を私に教えて。）
　　動詞（人）に　　（物）を

---

1 tell A B （AにBを伝える）

「A（人）に B（物） を伝える」と言うときは，「（情報を）伝える」の意味の動詞tellを使い，tell A（人） B（物） の語順で表します。

Aに代名詞がくるときはme, himなどの目的格になります。

She told me an interesting story. ♪14
　　　　　　　（彼女は私におもしろい話をしてくれました。）
Could you tell me the way to the station?
　　　　　　　（駅に行く道を私に教えていただけませんか。）

「A（人）に B（物） を伝える」は，tell B（物） to A（人） の形で表すこともあります。「彼女は私におもしろい話をしてくれました。」はShe told an interesting story to me.と言うこともあります。

✔確認 過去形

tellは不規則動詞で，過去形はtoldです。

S🎤スピーキング tellとteachの使い分け

勉強を「教える」と言うときにはteachを使い，それ以外の情報を「教える（伝える）」と言うときにはtellを使います。「電話番号を教える」「道順を教える」「秘密を教える」のように「伝える，話す」に言いかえられるものはtellを使います。

🚩発展 ask

askもtellと同じ文型をつくり，〈ask＋A（人）＋B（物）〉で「A（人）にB（物）をたずねる」という意味になります。

・Can I ask you a question?
　（あなたに質問してもいい？）

2 ⌈show A B （AにBを見せる）⌉

「 A（人） に B（物） を見せる」と言うときは，「見せる，示す」という意味の動詞 **show** を使って **show A（人） B（物）** の語順で表します。

Aに代名詞がくるときはme，himなどの目的格になります。

Please show me your notebook.　　♪ 15
（あなたのノートを私に見せてください。）

Ken showed us his pictures.
（健は私たちに，彼の写真を見せてくれました。）

「 A（人） に B（物） を見せる」は，show B（物） to A（人） の形で表すこともあります。「健は私たちに，彼の写真を見せてくれました。」はKen showed his pictures <u>to</u> us.と言うこともあります。

3 ⌈teach A B （AにBを教える）⌉

「 A（人） に B（物） を教える」と言うときは，「（勉強などを）教える」という意味の動詞 **teach** を使って **teach A（人） B（物）** の語順で表します。

Mr. Suzuki teaches us social studies.　♪ 16
（鈴木先生は私たちに社会を教えています。）

上の英文と同じ内容をteach B（物） <u>to</u> A（人） の形で，Mr. Suzuki teaches social studies <u>to</u> us.のように表すこともあります。

テストで注意　語順に注意

giveと同じように，tell，show，teachについても書きかえ問題が出題されることがあります。tell A B の語順と，tell B to A の語順の両方をマスターしておきましょう。

くわしく　×tell me itとは言わない

giveと同じようにtell，show，teachについても「（物）を」にあたる語がit（それ）またはthem（それら）のときは，次の②の言い方でしか表すことができません。
「それを私に教えてください。」
①× Tell me it.
②○ Tell it to me.

確認　過去形

teachは不規則動詞で，過去形はtaughtです。

発展　make，buyなど

makeとbuyも，giveやshowと同じ文型をつくります。ただし，②のパターンでは前置詞はtoではなくforを使います。
「彼は私に昼食を作ってくれました。」
①He made me lunch.
②He made lunch <u>for</u> me.
「彼は私に帽子を買ってくれました。」
①He bought me a hat.
②He bought a hat <u>for</u> me.

6 call（呼ぶ），name（名づける）

callやnameを使ったSVOCの文型

基本例文 ♪17

We **call** her Tomo-chan.

（私たちは彼女をともちゃんと呼びます。）

ここで
学習
すること

「AをBと呼ぶ」は，callのあとにA Bを続けます。

We call <u>her</u> <u>Tomo-chan.</u>　（私たちは彼女をともちゃんと呼びます。）
　　　動詞　〜を　　〜と

1 call A B （AをBと呼ぶ）

「A を B と呼ぶ」と言うときは，「呼ぶ」という意味の動詞call を使って **call A B** の語順で表します。A と B がイコールの関係になっています。

A に代名詞がくるときはme，himなどの目的格になります。

Please call me Ken.　（私をケンと呼んでください。）♪18
My mother calls me Atchan.　（母は私をあっちゃんと呼びます。）

2 「〜を何と呼びますか」

「〜を何と呼びますか」と相手にたずねるときは，**What do you call 〜?** と言います。

♪19

What do you call this game?　（このゲームを何と呼びますか。）
—We call it *sugoroku*.　（私たちはそれを「すごろく」と呼びます。）

✔確認 callの使い方

callには「電話をかける」という意味もあります。

・I called Bill last night.
（私は昨夜ビルに電話をかけました。）

発展 SVOCの文とは

call A Bの文では，AとBがイコールの関係になっています。

例えば左の1つ目の例文は me＝Ken，2つ目の例文は me＝Atchan という関係になっています。

Aは動詞callの目的語ですが，Bにくる語は，Aとイコールの関係の「補語（complement）」です。

主語(S)＋動詞(V)＋目的語(O)＋補語(C)という語順になっているこのような文は「SVOCの文」と呼ばれることがあります。

What do you call ～ in English?（～を英語で何と呼びますか）
の形で，英語での呼び方をたずねることもできます。

3 name A B （AをBと名づける）

「A を B と名づける」と言うときは，「名づける」という意味の
動詞 name を使って name A B の語順で表します。AとBが
イコールの関係になっています。

Aに代名詞がくるときはme, himなどの目的格になります。

♪ 20

I named the dog Max. 　（私はその犬をマックスと名づけました。）

くわしく A＝Bの関係になる

左の文では，the dog＝Max
の関係になっています。

☑ チェック問題

次の [　　] 内の語句を並べかえて，英文を完成しましょう。

(1)　私たちはこの犬をモモ（Momo）と呼びます。

[this dog / call / we / Momo].

_____

(2)　私たちは，私たちのチームをベアーズと名づけました。

[named / we / the Bears / our team].

_____

(3)　この魚を英語で何と呼びますか。

[you / call / this fish / do / what] in English?

_____ in English?

解　答

(1)　We call this dog
　　　Momo.

(2)　We named our team
　　　the Bears.

(3)　What do you call this
　　　fish

7 make（〜にする）

makeを使ったSVOCの文型

基本例文

♪ 21

Music **makes** me happy.

（音楽は私を幸せにします。）

「A を B にする」は，makeのあとにA Bを続けます。

Music <u>makes</u> <u>me</u> <u>happy</u>. （音楽は私を幸せにします。）
　　　 動詞　　〜を　　〜に

ここで **学習** すること

「A を B にする」と言うときは，動詞**make**を使って**make** A B の語順で表します。AとBがイコールの関係になっています。Aに代名詞がくるときはme，himなどの目的格になります。

♪ 22

His words made her angry.　　（彼の言葉は彼女を怒らせました。）
The news made me sad.　　（そのニュースは私を悲しくしました。）
This movie made her famous. （この映画は彼女を有名にしました。）

makeの文では，人間ではなく物が主語になることも多いんだ。

チェック問題

次の [　　] 内の語句を並べかえて，英文を完成しましょう。

彼の歌は私たちを幸せにします。

[makes / his song / us / happy].

解答

His song makes us happy.

7章　動詞と文型

123

8 keep, leaveなど

keepやleaveなどを使ったSVOCの文型

♪ 23

基本例文

Please **keep** the door open.

（ドアを開けたままにしておいてください。）

> ここで
> **学 習**
> すること

「AをBのままにしておく」は，keepのあとにABを続けます。
Please keep the door open. （ドアを開けたままにしておいてください。）
　　　　　動詞　　　〜を　　　　〜に

---

1 keep A B （AをBの状態に保つ）

「A を B の状態に保つ」と言うときは，動詞keepを使ってkeep
A（〜を） B（〜に） の語順で表します。

He always keeps his room clean. ♪ 24

（彼はいつも部屋をきれいに保っています。）

2 leave A B （AをBのままにしておく）

「A を B のままにしておく」と言うときは，動詞**leave**を使って
leave A（〜を） B（〜に） の語順で表します。

Please leave me alone. （私をひとりにしておいてください。）♪ 25

✔確認 **keep**

keepは「保つ，取っておく」な
どの意味を表します。過去形は
keptです。

✔確認 **leave**

leaveは「出発する，去る，置
き忘れる，残す」などの意味を表
し，過去形はleftです。

発展 「〜だとわかる」の
find

経験して「AがBだとわかる」と
言うときは，動詞findを使って
〈find＋A＋B〉で表します。

・I found the question very
difficult.

（私はその問題はとても難しいと
いうことがわかりました。）

定期テスト予想問題 ⑦

時間 ▶ 40分
解答 ▶ p.241

得点 ／100

1 次の（　　）内から適する語句を選び，記号を○で囲みなさい。 【3点×2】

(1) Tom gave（ア　we　イ　our　ウ　us）some water.

(2) You have a nice computer. Please show（ア　it me　イ　me it　ウ　it to me）.

2 次の日本文に合う英文になるように，_____ に適する語を入れなさい。 【4点×4】

(1) ナンシーはお母さんに似ています。

Nancy _____ _____ her mother.

(2) ケビンは昨日，忙しそうでした。

Kevin _____ _____ yesterday.

(3) そのサッカー選手は少年たちの間で人気者になりました。

That soccer player _____ _____ among the boys.

(4) スミス先生はとても怒りました。

Ms. Smith _____ very _____.

3 次の(1)，(2)の文と同じ文型の文を下のア〜エから1つずつ選び，記号を（　　）に書きなさい。 【4点×2】

(1) Mike showed me his picture. 　　　（　　）

(2) That sounds interesting. 　　　（　　）

ア　We called the dog Hachi.　　イ　Lucy bought a CD for her sister.

ウ　David looks very tired.　　エ　I gave her some water.

4 次の日本文に合う英文になるように，[　　]内の語を並べかえなさい。 【5点×2】

(1) 私は彼らにこれらのリンゴをあげます。 I'll [them, these, give, apples].

I'll _____.

(2) 彼らはこのねこをミミと呼びます。 [call, cat, they, Mimi, this].

125

5 右の地図を参考に，_____ に適する語を入れて，対話文を完成しなさい。 【5点×2】

A: Could you (1)_____ _____ the way to the station?

B: Yes. Go straight and (2)_____ _____ at the bank.

```
                            ┌──────────────────────────────┐
                            │    ┌───┐                      │
                            │    │ 駅 │                      │
                            │    └───┘                      │
                            │  ┌───┐    ┌───┐               │
                            │  │銀行│    │公│               │
                            │  │図書│    │園│               │
                            │  │館 │    └───┘               │
                            │  └───┘                        │
                            │  ●─現在地                      │
                            └──────────────────────────────┘
```

6 次の各組の文がほぼ同じ内容を表すように，_____ に適する語を入れなさい。 【5点×3】

(1) ⎰ Mr. Jones teaches us English.
    ⎱ Mr. Jones teaches _____ _____ _____.

(2) ⎰ My uncle bought a camera for me.
    ⎱ My uncle bought _____ _____ _____.

(3) ⎰ Who is your English teacher?
    ⎱ Who _____ _____ English?

7 次の英文を日本語になおしなさい。 【5点×3】

(1) Nancy got well soon.
   (   )

(2) I'll send him a birthday present.
   (   )

(3) Could you tell me your e-mail address?
   (   )

8 ( )内の語を使って，次の日本文を英語になおしなさい。 【10点×2】

(1) 私たちはこの山をエベレスト山(Mt. Everest)と呼んでいます。 (call)

_____

(2) あなたに質問してもいいですか。 (may, ask)

_____

8章

〈to＋動詞の原形〉

1 不定詞とは

〈to＋動詞の原形〉の形

基本例文

♪01

He went to the park **to play** tennis.

（彼はテニスをするために公園へ行きました。）

ここで
学習
すること
〉
〈to＋動詞の原形〉という決まった形があり，いろいろな意味を表します。

He went to the park to play tennis.

└─ toのあとに動詞の原形が続く

1 〈to＋動詞の原形〉の働き

〈**to＋動詞の原形**〉の形で，「～するために」「～すること」「～するための」などの意味を表すことができます。

Yumi came to see me. （由美が私に会いに来ました。）♪02
I like to talk with my friends.（私は友達とおしゃべりするのが好きです。）
I have a lot of homework to do.

（私にはやるべき宿題がたくさんあります。）

〈to＋動詞の原形〉は，「to 不定詞」または単に「不定詞」とも呼ばれます。

くわしい意味や使い方は次のページから学習します。

2 〈to＋動詞の原形〉の形

to play，to see，to doのように，toのあとの動詞はいつも原形（変化しないもとの形）を使います。toのあとの動詞に3単現のsをつけたり，toのあとの動詞を過去形にしたりすることはありません。

くわしく ─「不定詞」の意味

動詞はふつう，主語（3人称かどうか）と時制（現在か過去か）が決まってはじめて，使う形が「定まり」ます。これに対して〈to＋動詞の原形〉は主語や時制の定めなく使う形なので「不定詞」と呼ばれます。

128

2 「～するために」の言い方

〈下〉不定詞の副詞的用法

〈基本例文〉

Lisa came **to see** me.

（リサが私に会いに来ました。）

♪03

ここで
学習
すること

〈to＋動詞の原形〉で「～するために」という意味を表せます。

He came here. （彼はここに来ました。）

↓「目的」をつけ加える

He came here to see you. （彼はあなたに会いにここに来ました。）

1 「～するために」を表す〈to＋動詞の原形〉

〈to＋動詞の原形〉を使って，**「～するために」**という意味を表すことができます。

「卵を買うためにスーパーに行った」「宇宙飛行士になるために一生懸命勉強した」などのように，何かの動作の目的を言いたいときに使います。

I went to the supermarket to buy some eggs. ♪04
（私は卵を買いにスーパーマーケットに行きました。）

She studied hard to be an astronaut.
（彼女は宇宙飛行士になるために一生懸命勉強しました。）

Tom uses his computer to play games.
（トムはゲームをするためにコンピューターを使います。）

このように「～するために」という意味を表す〈to＋動詞の原形〉は，副詞と同じような働きをするので，不定詞の副詞的用法と呼ばれます。

くわしく── 副詞とは

副詞は動詞などを修飾して，文に情報をプラスする言葉です。Yuki came here.のhere（ここに）や，Yuki came yesterday.のyesterday（昨日）が副詞です。（→p.226）

2　Why 〜? ― To 〜.

Why 〜?（なぜ〜ですか）という質問に対して「〜するためです」のように目的を答えるときにも〈to＋動詞の原形〉を使うことができます。

Why did you go to the park?　♪05

（あなたはなぜ公園に行ったのですか。）

― **To play catch with Kenta.**

（健太とキャッチボールをするためです。）

■ 参考　**理由を答えるとき**

Why 〜?に，「なぜなら〜」と理由を答えるときはBecause 〜.を使います。

・Why were you late?

― Because I missed the bus.

（なぜ遅れたのですか。―バスに乗り遅れたからです。）

toのあとの動詞はいつも原形を使うよ！

▼チェック問題

次の＿＿に適する語を入れましょう。

(1)　私はサッカーをしに公園へ行くところです。

I'm going to the park ＿＿＿＿ ＿＿＿＿ soccer.

(2)　彼女は朝食を作るために早く起きました。

She got up early ＿＿＿＿ ＿＿＿＿ breakfast.

(3)　あなたはなぜ湖に行ったのですか。―写真を撮るためです。

Why did you go to the lake?

― ＿＿＿＿ ＿＿＿＿ pictures.

```
　　　　　　　　　解　答

(1)　to，play

(2)　to，make［cook］

(3)　To，take
```

3 「〜すること」の言い方

不定詞の名詞的用法

♪06

基本例文

I like **to talk** with my friends.

（私は友達とおしゃべりをすることが好きです。）

ここで 学 習 すること

〈to＋動詞の原形〉で「〜すること」という意味を表せます。

like＋名詞 **I like tennis.** （私はテニスが好きです。）
　　　　　　　↑ 名詞「テニス」

like＋不定詞 **I like to talk.** （私はおしゃべりが好きです。）
　　　　　　　　↑ 不定詞「話すこと」

---

1 「〜すること」を表す〈to＋動詞の原形〉

〈to＋動詞の原形〉を使って、**「〜すること」**という意味を表すことができます。例えば動詞likeのあとに〈to＋動詞の原形〉を続けることで、「〜することが好きだ」という意味を表すことができます。

I like to take pictures. （私は写真を撮ることが好きです。）　♪07
Mika likes to watch TV. （美香はテレビを見ることが好きです。）

このように「〜すること」という意味を表す〈to＋動詞の原形〉は、ひとつの名詞と同じような働きをしているので、不定詞の名詞的用法と呼ばれます。

2 「〜したい」

動詞want（ほしがっている）のあとに〈to＋動詞の原形〉を続け

参考 動名詞

「〜することが好きだ」はlike〜ingで表すこともできます。（p.136）

テストで注意 toのあとの動詞は原形

toのあとの動詞はいつも原形です。文の主語がMikaのように3人称単数であっても、×Mika likes to *watches* TV.などとしてはいけません。

ると，「〜することをほしがる」→「〜したい」の意味になります。

「〜になりたい」は，ふつうbe動詞の原形beを使って **want to be 〜** で表します。

I want to go to France. （私はフランスに行きたい。） ♪08
What do you want to be in the future?
— I want to be a pilot.
（あなたは将来，何になりたいですか。— パイロットになりたいです。）

3 その他のよく使う〈動詞+不定詞〉の組み合わせ

like to 〜，want to 〜 のほかにも，次のような動詞のあとで〈to＋動詞の原形〉がよく使われます。

start to 〜	〜し始める
begin to 〜	〜し始める
try to 〜	〜しようとする
forget to 〜	〜し忘れる

It suddenly started to rain. （突然雨が降り始めました。） ♪09
He began to talk about his family.
（彼は家族について話し始めました。）
I tried to read an English newspaper.
（私は英語の新聞を読もうとしました。）

くわしく 「なりたい」の言い方

「〜になりたい」は want to be 〜 のほかに want to become 〜 の形でも表せます。

リスニング wanna

くだけた話し言葉では，want to を縮めて wanna ［wάːnə］ と発音されることがあります。wanna は歌詞などでよく使われます。

発展 be動詞のあとの〈to＋動詞の原形〉

名詞と同じような働きをする〈to＋動詞の原形〉は，一般動詞の目的語になるだけでなく，be動詞の文の補語になることもあります。
・My dream is to be a doctor.（私の夢は医師になることです。）
〈to＋動詞の原形〉が文の主語になって「〜することは…」という意味を表すこともありますが，その場合は動名詞（→p.135）を使うほうがふつうです。

チェック問題

次の＿＿に適する語を入れましょう。

(1) 私は歌手になりたいです。
I want ＿＿＿＿ ＿＿＿＿ a singer.

(2) 健二はサッカーをするのが好きです。
Kenji likes ＿＿＿＿ ＿＿＿＿ soccer.

(3) 由紀は8時に勉強し始めました。
Yuki began ＿＿＿＿ ＿＿＿＿ at eight.

解答

(1) to, be［become］

(2) to, play

(3) to, study

4 「〜するための」の言い方

不定詞の形容詞的用法

基本例文

I have a lot of homework **to do**.

♪10

(私にはするべき宿題がたくさんあります。)

ここで 学 習 すること

〈to＋動詞の原形〉で「〜するための」という意味を表せます。

I have a lot of homework.
I have a lot of <u>homework</u> <u>to do</u>.

（私には宿題がたくさんあります。）
（私にはするべき宿題がたくさんあります。）

どんな宿題かを説明している

---

1 「〜するための」を表す〈to＋動詞の原形〉

　〈to＋動詞の原形〉を名詞のすぐあとにおいて，「**〜するための○○**」「**〜するべき○○**」という意味を表すことができます。

　例えばhomework to doで「するべき宿題」「しなければならない宿題」という意味を表します。また，time to watch TVで「テレビを見るための時間」という意味を表します。

We have a lot of things to do today. ♪11
　　　　　　（今日，私たちにはすることがたくさんあります。）
I don't have time to watch TV.
　　　　　　（私にはテレビを見る時間がありません。）

　このように「〜するための」という意味を表す〈to＋動詞の原形〉は，形容詞と同じように名詞を修飾する働きをしているので，不定詞の形容詞的用法と呼ばれます。

くわしく 〈to＋動詞の 原形〉の位置

〈to＋動詞の原形〉は，名詞をいつも後ろから修飾します。

・<u>homework to do</u>
　名詞　　するべき

to doやto watchは名詞を後ろから修飾する働きをしているよ。

133

2 「何か〜するもの」の言い方

〈to ＋動詞の原形〉は，something（何か）などの代名詞を後ろから修飾することもよくあります。

something to 〜 で「〜するための何か」「〜するべき何か」「何か〜するためのもの」という意味になります。

something to 〜	（ふつうの文で）〜するための何か
anything to 〜	（否定文・疑問文で）〜するための何か
nothing to 〜	〜するものが何もない（＝not anything to 〜）

I want something to eat.　　　　　　　　　　♪12
（私は食べるための何かがほしい→何か食べ物がほしい。）

Do you have anything to drink?
（あなたは飲むための何かを持っていますか→何か飲み物を持っていますか。）

I have nothing to do today.
（私は今日，するべきことを何も持っていない→何もすることがない。）

すすめるときの疑問文

おもに物をすすめるときなど，yesの答えを期待しているときは疑問文でもsomethingを使います。

・Would you like something to drink?（何か飲み物はいかがですか。）

くわしく──形容詞の位置

somethingやanythingを形容詞が修飾するときは，形容詞はsomethingやanythingのあとにおきます。

・something hot
（何か熱いもの）

形容詞と不定詞の両方が修飾するときは，〈something＋形容詞〉のあとに不定詞を続けます。

・something hot to drink
（何か熱い飲み物）

✓チェック問題

次の＿＿に適する語を入れましょう。

(1) 私は今日，するべきことがたくさんあります。

　　I have a lot of things ＿＿＿＿ ＿＿＿＿ today.

(2) 私は電車で読むための本がほしいです。

　　I want a book ＿＿＿＿ ＿＿＿＿ on the train.

解　答
(1)　to,　do
(2)　to,　read

5 動名詞とは

「～すること」を表すing形

♪13

基本例文

Stop talking.

（おしゃべりをやめなさい。）

ここで 学 習 すること

動詞のing形で「～すること」という意味を表すことができます。

| stop ＋ 名詞 | **Stop the music.** | （音楽を止めなさい。） |
| stop ＋ 動名詞 | **Stop talking.** | （おしゃべりをやめなさい。） |

↑ 動名詞「～すること」

---

1 動名詞とは

動詞の**ing形**で「**～すること**」という意味を表すことができます。例えば動詞talk（話す，おしゃべりする）のing形talkingで「話すこと，おしゃべりすること」という意味を表すことができます。

♪14

I like traveling abroad.（私は外国を旅行することが好きです。）
She finished cleaning her room.
　　　　　　　（彼女は自分の部屋のそうじを終えました。）
When did you start learning Japanese?
　　　　　　　（あなたはいつ日本語を学び始めたのですか。）
I really enjoyed talking with you.
　　　　　　　（あなたとお話しして本当に楽しかったです。）

このように「～すること」という意味を表す動詞のing形は，ひとつの名詞と同じような働きをしています。動詞を名詞化したものであることから，**動名詞**と呼ばれます。

✔確認 ing形

動名詞の「ing形」は，進行形で使う「ing形」とまったく同じ形です。つくり方はp.60で確認しましょう。

2 よく使う〈動詞＋動名詞〉の組み合わせ

　動名詞は，次のような〈動詞＋動名詞〉の組み合わせでよく使われます。

like ～ing	～することを好む → ～するのが好きだ
stop ～ing	～するのをやめる
finish ～ing	～することを終える → ～し終える
start ～ing	～することを始める → ～し始める
begin ～ing	～することを始める → ～し始める
enjoy ～ing	～することを楽しむ → ～して楽しむ

左の6つのフレーズはよく使うからしっかり覚えよう

3 動名詞と〈to＋動詞の原形〉の関係

　動名詞（ing形）と〈to＋動詞の原形〉（不定詞の名詞的用法）はどちらも名詞と同じような働きをして，「～すること」という意味を表すことができます。

　次の内容は，動名詞と〈to＋動詞の原形〉のどちらを使っても表すことができます。

「～するのが好きだ」	like ～ing	または	like to ～
「～し始める」	start ～ing	または	start to ～
	begin ～ing	または	begin to ～

　しかし，前にくる動詞によっては，動名詞か〈to＋動詞の原形〉のどちらかしか使えない場合があります。

　次の場合は動名詞しか使えません。

「～するのを楽しむ」	enjoy ～ing（× enjoy *to* ～）
「～し終える」	finish ～ing（× finish *to* ～）
「～するのをやめる」	stop ～ing（× stop *to* ～）

テストで注意 不定詞を使った書きかえ

　動名詞と〈to＋動詞の原形〉を書きかえる問題が出ることがあります。動詞 like, start, begin との組み合わせでよく問われます。

・I like talking with my friends.

→ I like to talk with my friends.

参考　動詞の目的語

　enjoy などは「動名詞を目的語にとる動詞」，want などは「不定詞を目的語にとる動詞」と呼ばれます。

参考　stop ～ing と stop to ～

　「～するのをやめる」は動名詞を使って stop ～ing で表します。stop のあとに〈to＋動詞の原形〉が続くと「～するために（立ち）止まる」という意味になります。

・I stopped talking.

（私は話すのをやめました。）

・I stopped to talk with him.

（私は彼と話すために（立ち）止まりました。）

136

また，次の場合は〈to ＋動詞の原形〉しか使えません。

| 「～したい」 | want to ～（× want ～*ing*） |
| 「～することを望む」 | hope to ～（× hope ～*ing*） |

4 主語になる動名詞

　動名詞は名詞と同じような働きをするので，文の主語にもなります。「**～することは…です**」という文をつくります。

Reading books is important.（本を読むことは大切です。）♪ 15
Singing songs is fun.（歌を歌うのは楽しいことです。）

　動名詞はふつう，名詞の単数形と同じように扱います。直前の名詞につられて× Reading books are important. ×Singing songs are fun.などとしないようにしましょう。

■ 参考 **動名詞と不定詞**

　remember や try は，目的語が動名詞か不定詞かによって意味が変わります。
・remember locking the door（〈過去に〉ドアにカギをかけたことを覚えている）/ remember to lock the door（〈これから〉ドアにカギをかけることを忘れないでいる）
・try opening the box（試しに箱を開けてみる）/ try to open the box（箱を開けようとする〈努力する〉）

■ 参考 **be 動詞のあとの動名詞**

　動名詞は be 動詞や前置詞のあとでも使われます。
・My hobby is taking pictures.
　（私の趣味は写真を撮ることです。）
・He is good at playing the piano.
　（彼はピアノを弾くのが得意です。）

☑チェック問題

次の＿＿に適する語を入れましょう。

(1) 私たちはテレビを見て楽しみました。
　　We enjoyed ＿＿＿＿＿＿ TV.

(2) あなたは昼食を食べ終わりましたか。
　　Did you finish ＿＿＿＿＿＿ lunch?

(3) 母は5時に夕食を作り始めました。
　　My mother began ＿＿＿＿＿＿ dinner at five.

(4) 英語を勉強することは大切です。
　　＿＿＿＿＿＿ English is important.

(5) ジョンはマンガを読みたがっています。
　　John wants ＿＿＿＿＿ ＿＿＿＿＿ comic books.

| | 解答 |

(1) watching

(2) eating［having］

(3) making［cooking］

(4) Studying

(5) to read

定期テスト予想問題 ⑧

---

1 次の文の（　）内から適する語句を選び，記号を○で囲みなさい。　　【2点×4】

(1) Bob went to the park to （ア　play　イ　plays　ウ　played）tennis.

(2) Playing cards （ア　is　イ　are　ウ　has）a lot of fun.

(3) I want （ア　work　イ　to work　ウ　working）in a hospital.

(4) Nancy finished （ア　write　イ　to write　ウ　writing）Christmas cards.

2 次の日本文に合う英文になるように，＿＿＿＿に適する語を入れなさい。　　【4点×4】

(1) 私は今日，しなければならない仕事がたくさんあります。

I have a lot of ＿＿＿＿＿＿＿ ＿＿＿＿＿＿＿ ＿＿＿＿＿＿＿ today.

(2) お会いできてとてもうれしいです。

I'm very ＿＿＿＿＿＿＿ ＿＿＿＿＿＿＿ meet you.

(3) 私は昨日の夕方，音楽を聞いて楽しみました。

I enjoyed ＿＿＿＿＿＿＿ ＿＿＿＿＿＿＿ music yesterday evening.

(4) 彼女は友達に会いに神戸へ行くでしょう。

She'll go to Kobe ＿＿＿＿＿＿＿ ＿＿＿＿＿＿＿ her friend.

3 次の各組の文がほぼ同じ内容を表すように，＿＿＿＿に適する語を入れなさい。　　【4点×4】

(1) ｛ Mike and I like swimming.
　　｛ Mike and I like ＿＿＿＿＿＿＿ ＿＿＿＿＿＿＿.

(2) ｛ Jane went to the library and did her homework there.
　　｛ Jane went to the library ＿＿＿＿＿＿＿ ＿＿＿＿＿＿＿ her homework.

(3) ｛ We played tennis and had a good time.
　　｛ We ＿＿＿＿＿＿＿ ＿＿＿＿＿＿＿ tennis.

(4) ｛ They need some food.
　　｛ They need something ＿＿＿＿＿＿＿ ＿＿＿＿＿＿＿.

4 次のⒶ，Ⓑの各英文を，意味のちがいに注意して日本語になおしなさい。 【4点×4】

(1) Ⓐ I like to go to the movies.
　　私は（ 　　　　　　　　　　　　　　　　　　　　　　　　　 ）。

　　Ⓑ I would like to go to the movies.
　　私は（ 　　　　　　　　　　　　　　　　　　　　　　　　　 ）。

(2) Ⓐ Jim stopped talking with her.
　　ジムは（ 　　　　　　　　　　　　　　　　　　　　　　　　 ）。

　　Ⓑ Jim stopped to talk with her.
　　ジムは（ 　　　　　　　　　　　　　　　　　　　　　　　　 ）。

5 次の日本文に合う英文になるように，[　]内の語を並べかえなさい。ただし，不要な語が1語ずつあります。 【6点×2】

(1) あなたに見せたい写真があります。 I have [you, show, some, to, pictures, want].
　　I have _____.

(2) 何か熱い飲み物がほしい。　 I [hot, something, drink, to, want, water].
　　I _____.

6 次の日本文を英語になおしなさい。 【8点×2】

(1) 「きみはなぜ，そこへ行ったの」―「本を買うためです」
　　" _____ "―" _____ "

(2) 私は2時間でこの本を読み終えるでしょう。
　　_____

7 次の質問について，あなたならどう答えますか。(1)ではその答えを，また(2)ではその理由を書きなさい。 【8点×2】

質問：What do you want to do in the future?
(1) _____

質問：Why?
(2) Because _____.

139

中学生のための
勉強・学校生活アドバイス

シャドーイングをやってみよう

「グッドモーニング，明人。
昨日のTVショー，ウォッチした？」

「洸士郎…。そのカタカナ英語，いい加減やめてくれよ〜。」

「しょうがないだろー。俺はイングリッシュは好きだけど，スピーキングはNotネイティブなんだから。」

「それは分かる。ネイティブみたいに話したり，ネイティブの英語を聞き取ったりするのって，実際無理だよなぁ。」

「ちょっと，諦めるのが早過ぎるんじゃない？　そんなあなたたちには**シャドーイング**がおすすめだよ。」

「シャドーイングって何ですか？」

「シャドーイングとは，**お手本の音声を影のように追いかけて，少しだけ遅れてマネをして言ってみること**。音声を聞きながら，実際に声に出して自分でも言ってみるのよ。」

「なるほど…。聞きながら同時に声も出す…大変そうだな…。」

「俺には楽しそうに思えるけどな！」

「**できる限りネイティブの話し方をマネするのがポイント**なの。そうすることで，**日本語にはない音や，単語のスペル通りではない音に慣れていくわ。**」

「ネイティブになりきってスピークするのか！　やっぱ楽しそう〜！」

「自分の口で出せない音は，聞き取ることができないもの。**聞けるようになるには"言えるようになる"こと**。つまり，シャドーイングは**スピーキングだけでなく，リスニングの練習でもあるのよ。**」

「ネイティブみたいに話したり，ネイティブの英語を聞き取ったりするのが無理…じゃない，ってことですね！」

「その通り！」

移動中でもできる。

▶英文を見ずにやるのがシャドーイング。

9章

接続詞

1 接続詞とは

接続詞の働き

♪01

I got up **and** washed my face.

（私は起きて，顔を洗いました。）

接続詞は，単語と単語をつなげたり，2つの文をつなげて1つにしたりします。

I got up.　I washed my face.　（私は起きました。私は顔を洗いました。）

I got up <u>and</u> washed my face.　（私は起きて，顔を洗いました。）
　　　　接続詞

1 接続詞とは

　接続詞とは，A and B（AとB）のandのように，<u>単語と単語を</u>つなげる語です。また，単語と単語をつなげるだけでなく，<u>2つの文</u>をつなげて1つにする働きもあります。andのほかbut, or, so, that, when, ifなどが接続詞です。

2 andの使い方

　andはmath and science（数学と理科）やYumi and Kenji（由美と健二）のように単語と単語をつなげるだけでなく，**「そして」**の意味で単語のまとまりどうしをつなげて1つの文にすることもできます。

He opened the door and went into the room.　♪02
　　　　　（彼はドアを開けて部屋の中に入っていきました。）

参考 both A and B

　A and Bの意味を強めて「AとBの両方」と言うときは，both A and Bで表します。

・Both Ken and I are soccer fans.

（健も私も〈2人とも〉サッカーファンです。）

発展 「命令文，and ….」の文

命令文のあとに，and …が続くと，「～しなさい，そうすれば…」という意味を表します。

・Hurry up, and you'll catch the train.

（急ぎなさい，そうすれば電車に間に合いますよ。）

3　butの使い方

butは「しかし」「だが」という意味で，文と文をつなぎます。前に述べたことと反対の内容を言うときなどに使います。

> I visited Takeshi, but he wasn't at home.　♪03
> （私は武を訪ねましたが，彼は家にいませんでした。）
>
> He is old, but he is really strong.
> （彼は年をとっていますが，彼は本当に強いです。）

4　orの使い方

orは，A or Bで「Aか，それともBか」「AまたはB」という意味を表します。2つのうちの「どちらか」を選択するときに使います。

> Do you like tea or coffee?　♪04
> （あなたはお茶が好きですか，それともコーヒーが好きですか。）

5　soの使い方

soは「それで」「だから」という意味を表し，文と文をつなげます。

> I was very tired, so I went to bed early.　♪05
> （私はとても疲れていたので，早く寝ました。）

発展　「命令文，or ….」の文

　命令文のあとに，or … が続くと，「〜しなさい，そうしないと（さもないと）…」という意味を表します。
・Hurry up, or you'll be late.
　（急ぎなさい，そうしないと遅れますよ。）

[S] スピーキング　orの前後の読み方

　「Aですか，それともBですか」のように選択させるときはA(↗) or B(↘)?のようにorの直前を上げ調子で言い，文の終わりを下げ調子で言います。
　もしorの前で区切らずにA or B?をひとまとまりで言った場合は，同じ英文でも「AかBのどちらかひとつでも」という意味（左の英文では「あなたはお茶かコーヒーは好きですか」という意味）になります。

9章／接続詞

✓ チェック問題

次の＿＿に適する語を入れましょう。

(1) 私は図書館に行って本を借りました。

　　I went to the library ＿＿＿＿＿ borrowed some books.

(2) これは辛口ですか，それとも甘口ですか。

　　Is this hot ＿＿＿＿＿ mild?

解　答

(1)　and

(2)　or

143

接続詞 that

「私は〜だと思う」などの言い方

基本例文

I think that you're right.

（私は，あなたは正しいと思います。）

ここで学習すること

「私は〜と思う」と言うときは I think that 〜. で表します。この that は省略できます。

I think that you're right.　（私は，あなたは正しいと思います。）

↳ 接続詞 that を使って文をつなげる

1 「〜と思う」の言い方

「私は〜と思う」は I think **that** 〜. で表します。

例えば「私は，あなたは正しいと思います。」なら，I think that you're right. となります。

この that は，I think.（私は思う。）という文と You're right.（あなたは正しい。）という文をつなげて1つの文にする接続詞です。

この接続詞の that は省略できます。あってもなくても意味は変わりません。

I think that this book is interesting. ♪07
＝ I think this book is interesting.

（私は，この本はおもしろいと思います。）

．．．

She thinks that I eat too much.
＝ She thinks I eat too much.

（彼女は，私は食べ過ぎると思っています。）

> この that は「あれ」という意味の that（代名詞）ではなく接続詞だよ。

発展 I don't think 〜.

「〜ではないと思う」と言いたいときは，think を否定して I don't think 〜.（〜だとは思わない）とするのがふつうです。

× I think this book is not interesting. とは，ふつうは言いません。

2 「～だと知っている」「～と言う」など

接続詞のthatは，thinkだけでなく，次のような動詞のあとでも使われます。

know that ～	～ということを知っている
say that ～	～と言う
hope that ～	～だといいなと思う

I know that you're busy. ♪08
(私はあなたが忙しいということを知っています。)

He says that English is important.
(彼は，英語は大切だと言っています。)

I hope that it will be sunny tomorrow.
(明日晴れるといいなと思います。)

上の文は，どれもthatを省略して言うことができます。省略しても意味は変わりません。

発展 時制の一致

think, know, say, hopeなどが過去形のときは，thatのあとの動詞も過去形にします。これを時制の一致といいます。
I think that he is tired.
↓　　　　↓
I thought that he was tired.
(私は，彼は疲れていると思いました。)

9章／接続詞

✅ チェック問題

次の [　　] 内の語句を並べかえて，英文を完成しましょう。

(1) 私は，この映画はおもしろいと思います。

[exciting / this movie / I / think / is / that].

_____

(2) 私は，父が忙しいことを知っています。

[busy / know / my father / I / that / is].

_____

(3) 私は，リズはちょうど今家にいると思います。

[at / Liz / home / think / is / I] right now.

_____ right now.

解 答

(1) I think that this movie is exciting.

(2) I know that my father is busy.

(3) I think Liz is at home

I'm sure that 〜. など

sure, afraid, sorry などの形容詞に that 〜が続く文

基本例文

♪ 09

I'm sure that they will win.

（私はきっと彼らが勝つと思います。）

ここで 学 習 すること

sure などの感情を表す形容詞のあとに that 〜を続けると，「きっと〜だ」などの意味を表します。

I'm sure that they will win. （私はきっと彼らが勝つと思います。）

接続詞 that を使って文をつなげる

接続詞の that は，think などの動詞だけでなく，sure（確信している）や glad（うれしい）などの感情を表す形容詞のあとでも使われます。

be sure that 〜	きっと〜だと思う
be glad[happy] that 〜	〜してうれしい
be afraid that 〜	残念ながら〜だと思う
be sorry that 〜	〜を申し訳なく思う

I'm sure that she will pass the exam.　　♪ 10
　　　　　　（私はきっと彼女は試験に受かると思います。）
I was happy that you came to see me.
　　　　　　（私はあなたが私に会いに来てくれてうれしかったです。）
I'm afraid that I can't help you right now.
　　　　　　（残念ながら私は今あなたを手伝うことができません。）

上の文は，どれも that を省略して言うことができます。省略しても意味は変わりません。

⑤ スピーキング 🎤 **sure のいろいろな使い方**

sure は「確信している」「きっと〜だと思う」という意味です。会話では次のような形でもよく使われます。

・Where does he live?
　— I'm not sure.
　（彼はどこに住んでいますか。
　—よくわかりません。）
・I think it's around 100 yen.
　— Are you sure?
　（それは 100 円くらいだと思います。—ほんとうですか？）

くわしく afraid の使い方

afraid は「おそれて」「こわがって」という意味。I'm afraid は「残念ながら〜だと思う」という意味で，望ましくないことを言うときに使われます。
・I'm afraid it will rain.
　（残念ながら雨が降るでしょう。）

4 接続詞 when

「〜のとき」の言い方

I was sleeping **when** you called me.

（あなたが電話してきたとき，私は眠っていました。）

♪ 11

> **ここで学習すること**
>
> 「〜のとき」は，接続詞 when で表します。
>
> I was sleeping <u>when</u> you called me.
> ┗━ 「〜のとき」は when を使う
>
> （あなたが電話してきたとき，私は眠っていました。）

1 「〜のとき」の言い方

「〜のとき」と言うときは，接続詞の **when** を使います。

例えば「私が子どものときに彼女に出会った。」なら，I met her（私は彼女に出会った）のあとに，「いつのことなのか」を表すwhen I was a child（私が子どものときに）を続けてI met her <u>when I was a child</u>.とします。

このwhenは，I met herという文とI was a childという文をつなげて1つの文にする接続詞です。

> I met her when I was a child. ♪ 12
> （私が子どものときに彼女に会いました。）
>
> I want to be a teacher when I grow up.
> （私は大人になったら先生になりたいです。）
>
> My father lived in Tokyo when he was young.
> （私の父は，若いときに東京に住んでいました。）

whenは疑問文で使うだけじゃないんだ。

2 when ～ の位置

「いつのことなのか」を表すwhen ～ の部分は文の後半におくのが基本ですが，文の前半におくこともできます。

文の前半におくときは，区切りにコンマ (,) を入れます。

> It was raining when I got up. ♪13
> ＝ When I got up, it was raining.
> （私が起きたとき，雨が降っていました。）

テストで注意 未来のことでも現在形を使う

「いつのことなのか」を表すwhen ～の部分では，未来のことも現在形で表します。
×I'll go out when he *will come*.
○I'll go out when he comes.
（彼が来たら私は出かけます。）

whenから文をはじめることができるんだ。

✔チェック問題

次の [   ] 内の語を並べかえて，英文を完成しましょう。

(1) 私が家に着いたとき，雨は降っていませんでした。

It [I / wasn't / got / when / home / raining].

It _____.

(2) 彼が来たとき，私はテレビを見ていました。

[TV / I / when / was / watching] he came.

_____ he came.

解答

(1) wasn't raining when I got home

(2) I was watching TV when

5　接続詞 if

「もし〜」の言い方

基本例文　♪14

Please call me **if** you have any questions.

（もし何か質問があれば，私に電話してください。）

「もし〜ならば」は，接続詞 if 〜 で表します。

Please call me if you have any questions.

「もし〜ならば」は if を使う

（もし何か質問があれば，私に電話してください。）

1　接続詞 if

「もし〜ならば」と言うときは，接続詞の **if** を使います。

You can go to bed if you are tired.　♪15
（もしあなたが疲れているなら，寝てもいいですよ。）

I'll stay home if it rains tomorrow.
（もし明日雨が降ったら私は家にいます。）

2　if 〜 の位置

「もし〜」を表す if 〜 の部分は文の後半におくのが基本ですが，文の前半におくこともできます。

文の前半におくときは，区切りにコンマ (,) を入れます。

Please come with me if you have time.　♪16
＝ If you have time, please come with me.
（もし時間があれば，私と来てください。）

テストで注意　未来のことでも現在形を使う

「もし〜ならば」という条件を表す部分（if のすぐあとの部分）では，未来のことでも現在形で表します。

×I'll stay home if it *will* rain tomorrow.

○I'll stay home if it *rains* tomorrow.

接続詞becauseなど

「なぜなら～だから」などの言い方

基本例文

♪17

I went home **because** I was sick.

（私は具合が悪かったので，家に帰りました。）

ここで
学 習
すること

「～なので」と理由を言うときは，接続詞becauseを使います。

I went home <u>because</u> I was sick.

↳「～だから」は because を使う

（私は具合が悪かったので，家に帰りました。）

---

1 **接続詞 because**

「（なぜなら）**～だから，～なので**」のように理由を言うときは，接続詞の**because**を使います。

♪18

I was late because I got lost. （私は道に迷ったので遅刻しました。）
He can speak Spanish because he lived in Mexico.
（彼はメキシコに住んでいたので，スペイン語を話すことができます。）

Why ～?（なぜ～?）の疑問文に答えるときには，Because ～.の形がよく使われます。

♪19

Why do you study English so hard?
（なぜあなたはそんなに熱心に英語を勉強するのですか。）

— Because I want to travel around the world.
（なぜなら，世界中を旅行したいからです。）

W ライティング 〈Because＋理由.〉
だけの文にしない

becauseは接続詞なので，2つの〈主語＋動詞〉をつなげて1つの文にする働きをします。

そのため，次のように〈Because＋理由.〉だけを別の文として独立して書くことはふつうありません。

×I went home. Because I was sick.

次のように1つの文につなげて表します。

○I went home because I was sick.

○Because I was sick, I went home.

ただしWhy ～?にBecause ～.で答えることはできます。

・Why did you go home?
— Because I was sick.
（なぜ家に帰ったのですか。
—具合が悪かったからです。）

2 「～する前に」

「～する前に」と言うときは，接続詞の **before** を使います。

> Wash your hands before you eat.　♪ 20
>
> （食べる前に手を洗いなさい。）

3 「～したあとで」

「～したあとで」と言うときは，接続詞の **after** を使います。

> Go to bed after you finish your homework.　♪ 21
>
> （宿題を終えたら寝なさい。）

■ 参考　**前置詞としての before, after**

　before と after は前置詞としても使われます。あとに〈主語＋動詞〉がくるのが接続詞で，あとに名詞や動名詞がくるのが前置詞です。

・Wash your hands before lunch.

（昼食の前に手を洗いなさい。）

※ lunch が名詞なので，上の before は前置詞です。

9章／接続詞

☑ チェック問題

次の____に適する語を入れましょう。

(1) 昨日は雨だったので，私は家にいました。

　I stayed home _____ it was rainy yesterday.

(2) あなたはなぜこの絵が好きなのですか。—きれいだからです。

　Why do you like this picture?

　— _____ it's beautiful.

(3) 私たちはテニスをしたあとで昼食を食べました。

　We had lunch _____ we played tennis.

解　答

(1)　because

(2)　Because

(3)　after

定期テスト予想問題 ⑨

時間 20分
解答 p.242

得点 ／100

---

1 次の日本文に合う英文になるように，_____ に適する語を入れなさい。　　【8点×5】

(1) ケビンは窓を開けて，外を見ました。

Kevin opened the window _____ looked outside.

(2) 兄が帰宅したとき，私は勉強していました。

_____ my brother came home, I was studying.

(3) もしここに来れば，たくさんの美しい花が見えるでしょう。

_____ you come here, you will see a lot of beautiful flowers.

(4) はる子はとても忙しかったので，外出しませんでした。

Haruko didn't go out _____ she was very busy.

(5) あなたが電話をくれたとき，私はシャワーを浴びていました。

I was taking a shower _____ you _____ me.

---

2 次の日本文に合う英文になるように，[ ]内の語を並べかえなさい。　　【15点×2】

(1) もしあなたが彼らを訪ねれば，彼らはうれしいでしょう。

They will [happy, you, them, if, be, visit].

They will _____.

(2) あなたは彼女がさしみを好きだと思いますか。

[she, you, do, that, think, likes] *sashimi*?

_____ *sashimi*?

---

3 次の日本文を英語になおしなさい。　　【15点×2】

(1) あなたはひまなときは何をしますか。

_____

(2) もし明日雨なら，私は家にいます。

_____

接続詞を使ってプレゼンテーションをしよう！

接続詞を使いこなして複雑な内容を論理的に相手に伝えてみましょう。

1 考えや意見を伝える ♪22

I think（that）～．（私は～だと思います。）を使って，自分の考えや意見を伝えることができます。

> I think that human-like robots will change our lives in the near future.

私は，近い将来，人型のロボットが私たちの生活を変えると考えています。

Some people say（that）～．は，「～だと言う人もいます。」という意味です。

また，I'm sure（that）～．は「きっと～だと思います。」という意味で，自分が確信していることを表せます。

> Some people say that it's impossible, but I'm sure that they will be very common.

不可能だと言う人たちもいますが，きっと彼らはとてもありふれた存在になると思っています。

153

② 理由や原因を述べる ♪23

I don't think so because walking robots are technically very difficult to make.

because ～（なぜなら～だから）を使って，理由や原因を明確に述べることができます。

歩行するロボットは技術的に作るのがとても難しいから，私はそう思いません。

so（だから，それで）を使って，理由と結論を続けて述べることができます。

They are very expensive, so I don't think that they will become popular.

それらはとても高価だから，人気が出るとは思いません。

③ 質問を受け付ける ♪24

Please raise your hand if you have any questions.

if ～（もし～ならば）を使って，「もし質問があれば～。」のように伝えることができます。

もし質問があれば手を挙げてください。

10章

10章

比較

1 比較級とは

2つを比べる言い方

1

基本例文

My brother is **taller than** my father.

（私の兄は父よりも背が高いです。）

♪01

ここで
学 習
すること

「AはBよりも〜だ」と言うときは，比較級を使います。

原級の文　**My brother is tall.**　　　　　　　　　（私の兄は背が高いです。）

⬇ 比べるときはerのついた形を使う

比較級の文　**My brother is taller <u>than</u> my father.**　（私の兄は父よりも背が高いです。）

---

1 形容詞の比較級

　2つを比べてどちらかが「より〜だ」と言いたいときは，形容詞の語尾に **er** をつけた**比較級**（ひかくきゅう）という形を使います。例えば「より背が高い」なら，tall（背が高い）にerをつけたtallerという形を使います。

I am tall.	（私は背が高いです。）　♪02
I am taller than Maki.	（私は真紀よりも背が高いです。）
Am I taller than Maki?	（私は真紀よりも背が高いですか。）

2 than 〜

「〜よりも」は，比較級のあとに，**than** 〜を続けます。

Emma is older than my sister.	（エマは私の姉より年上です。）　♪03
This bike is newer than that one.	（この自転車はあの自転車よりも新しいです。）

■ 参考　比較級のもとの形

　tallerのような比較級に対して，tallのようなもとの形を原級（げんきゅう）といいます。

⚑くわしく　一度出たものはone で表す

　同じ名詞のくり返しを避けるために，代名詞のone（もの）が使われます。この例文では，that bikeの代わりにthat <u>one</u> が使われています。代名詞oneの複数形はonesです。

3 副詞の比較級

形容詞と同じように，副詞にも比較級があります。

a **tall** boy（背の高い男の子）のように名詞を修飾するのが形容詞で，swim **fast**（速く泳ぐ）のように動詞を修飾するのが副詞です。

「…よりも速く泳げる」などと言うときは，副詞fastの比較級fasterを使います。

> Saki can swim faster than Mike.　♪04
> 　　　　　　（早紀はマイクよりも速く泳げます。）
> Can you run faster than Jiro?
> 　　　　　　（あなたは次郎よりも速く走れますか。）
> I get up earlier than my sister.　（私は私の姉よりも早く起きます。）
> Does Mika get up earlier than her father?
> 　　　　　　（美香はお父さんよりも早く起きますか。）

発展　「私よりも」などの言い方

「ケンは私よりも背が高い」のようにthanのあとに代名詞がくるときは，〈代名詞＋動詞〉を続けてKen is taller than I am.のように言うことがあります。

また，動詞を省略してKen is taller than I.とだけ言うほか，話し言葉ではthanを前置詞ととらえてKen is taller than me.と言うこともあります。

10章　比較

チェック問題

次の（　）内の語を適する形に変えて，＿＿に入れましょう。

(1) Mike is ＿＿＿＿＿＿ than John.　（old）
　　（マイクはジョンよりも年上です。）

(2) Your camera is ＿＿＿＿＿＿ than mine.　（new）
　　（あなたのカメラは私のよりも新しい。）

(3) Kenji runs ＿＿＿＿＿＿ than Takuya.　（fast）
　　（健二は拓也よりも速く走ります。）

解　答

(1) older

(2) newer

(3) faster

最上級とは

「いちばん〜だ」という言い方

♪05

My brother is **the tallest** in my family.

（私の兄は家族でいちばん背が高いです。）

ここで
学 習
すること

「いちばん〜だ」と言うときは最上級を使います。

比較級の文　My brother is　　taller than my father.（私の兄は父より
も背が高いです。）

「いちばん〜」と言うときはestのついた形を使う

最上級の文　My brother is the tallest in my family.（私の兄は家族でいち
ばん背が高いです。）

1　形容詞の最上級

「いちばん〜だ」と言いたいときは，形容詞の語尾に**est**をつけた
最上級という形を使います。例えば「いちばん年上だ」なら，old
（年を取っている）にestをつけたoldestという形を使います。

Jim is old.　　　　　　（ジムは年を取っています。）　♪06
Jim is the oldest of the four.（ジムは4人の中でいちばん年上です。）
Are you the youngest member in this team?
　　　　　（あなたはこのチームでいちばん若いメンバーですか。）

2　最上級の文

最上級の前にはふつう**the**をつけます。

「〜の中で」は，「3つの中で」のように数を表す語のときは**of**を
使い，それ以外は**in**を使います。

くわしく 名詞が続くこともある

形容詞の比較級・最上級のあとに
名詞が続くこともあります。

・Jim is the oldest player of
the four.（ジムは4人の中でい
ちばん年上の選手です。）

テストで注意 最上級にはtheが必要

「いちばん〜」というのは1つし
かないので，形容詞の最上級には
theをつけます。

くわしく ofを使う場合

・of the three（3つの中で）の
ように数を表すとき
・of all（全員の中で，すべての中
で）
・of us（私たちの中で）
・of them（彼らの中で）

This building is the highest of the five. ♪07
（この建物は5つの中でいちばん高い。）

I am the tallest in my class. （私はクラスでいちばん背が高い。）

Who is the tallest student in your class?
（あなたのクラスでいちばん背が高い生徒はだれですか。）

3 副詞の最上級

形容詞と同じように，副詞にも最上級があります。

「いちばん速く走る」などと言うときは，副詞fastの最上級
fastestを使います。

Bill runs the fastest of all the students. ♪08
（ビルは全生徒の中でいちばん速く走ります。）

I get up the earliest in my family.
（私は家族の中でいちばん早く起きます。）

副詞の最上級にはtheをつけないこともあります。

比較級・最上級のつくり方は，次のページでしっかり学習しよう。

くわしく 「〜のうちの1つ」

「最も〜なものの1つ」は〈one of the＋最上級〉で表します。最上級のあとに名詞の複数形を続けます。

・Canada is <u>one of the largest countries</u> in the world.
（カナダは世界で<u>最も大きい国の1つ</u>です。）

✅ チェック問題

次の（　）内の語を適する形に変えて，____に入れましょう。

(1) Kenji is the _____ of the four. （old）
（健二は4人の中でいちばん年上です。）

(2) Tom is the _____ in his family. （tall）
（トムは彼の家族の中でいちばん背が高いです。）

(3) My dog is the _____ of all. （small）
（私の犬は，全部（の犬）の中でいちばん小さい。）

(4) Jiro can swim the _____ in his class. （fast）
（次郎は彼のクラスの中でいちばん速く泳げます。）

解答
(1) oldest

(2) tallest

(3) smallest

(4) fastest

10章／比較

159

3 比較級・最上級のつくり方①

形容詞・副詞の比較変化（more，most型以外）

基本例文

♪09

My father is **older** than Mr. Green.

（私の父はグリーン先生よりも年上です。）

ここで
学習
すること

> ふつう，比較級はer，最上級はestをつけます。
> ただし，big—bigger—biggestやgood—better—bestのように，特別な
> 変化をする語もあります。

1 基本のつくり方

　大部分の語は，**er**をつけると比較級になり，**est**をつけると最上級になります。

原級	比較級	最上級	♪10
long （長い）	longer	longest	
old （年取った）	older	oldest	
small （小さい）	smaller	smallest	
high （高い）	higher	highest	
fast （速く）	faster	fastest	

多くの語は，比較級はer，最上級はestをつければOK。

2 rだけ，stだけをつける語

largeのように最後がeで終わる語は，rだけ，stだけをつけます。

原級	比較級	最上級	♪11
large （大きい）	larger	largest	
nice （すてきな）	nicer	nicest	

参考　形容詞・副詞の
　　　比較変化

　形容詞・副詞の比較変化は巻末
（p.234）にもまとめてあるので参
照してください。

3 最後の1文字を重ねて er, est をつける語

bigやhotは，big — big**ger** — big**gest**のように最後の１文字を重ねてer，estをつけます。

原級	比較級	最上級	♪12
big（大きい）	bigger	biggest	
hot（暑い，熱い）	hotter	hottest	

4 y→i に変えて er, est をつける語

busyのように最後がyで終わる語は，yをiに変えてer，estをつけます。

原級	比較級	最上級	♪13
busy（忙しい）	busier	busiest	
easy（やさしい）	easier	easiest	
early（早く）	earlier	earliest	

5 不規則に変化する語

er，estをつけず，不規則に変化する語もあります。

原級	比較級	最上級	♪14
good（よい）	better	best	
well（上手に）	better	best	
many（多数の）	more	most	
much（多量の）	more	most	

10章／比較

発展 左の変化をする その他の語

左で紹介している語以外に，次の語もあてはまります。

・最後の1文字を重ねてer，est をつける語
　sad（悲しい）
　　— sadder — saddest
・y→iに変えてer，estをつける語
　funny（おかしい）
　　— funnier — funniest
　happy（幸せな）
　　— happier — happiest
　heavy（重い）
　　— heavier — heaviest
　lucky（幸運な）
　　— luckier — luckiest
　pretty（かわいい）
　　— prettier — prettiest

happy（幸せな）も，yをiに変えてから，er，estをつける語だよ。

発展 その他の不規則変化の 語

次の語も不規則に変化します。
・bad（悪い）— worse（より悪い）— worst（最悪の）
・little（ほとんどない，少ない）— less（より少ない）— least（最少の）

4 比較級・最上級のつくり方②

形容詞・副詞の比較変化（more，most型）

♪15

This book is **more interesting** than that one.

（この本はあの本よりもおもしろい。）

ここで学習すること er，est をつけずに more，most を使って比較級・最上級をつくる語もあります。

比較級 **English is more interesting than math.**
⎡ more をつける （英語は数学よりおもしろい。）

最上級 **English is the most interesting of all.**
⎡ (the) most をつける （英語はすべての中でいちばんおもしろい。）

1 more 〜，most 〜 をつける語

interesting（おもしろい）など一部の語は，er や est をつけずに前に **more，most** をおいて比較級・最上級をつくります。

例えば interesting は次のように変化します。

♪16

原級	比較級	最上級
interesting（おもしろい）	more interesting	most interesting

次の語が more 〜，most 〜の形に変化します。

interesting （おもしろい）	difficult （難しい）
beautiful （美しい）	popular （人気のある）
famous （有名な）	important （重要な）
useful （役に立つ）	expensive （高価な）
exciting （わくわくさせる）	careful （注意深い）
slowly （ゆっくりと）	quickly （すばやく）

参考 **more 〜，most 〜 の形になる語**

　more 〜，most 〜の形に変化するのは，つづりが長めの語が多いです。また，-ful，-ing，-ous，-ive で終わる語は，つづりが短くても more 〜，most 〜の形に変化することが多いです。

とにかく覚えるしかない。

2　more ～ の文の形

more ～の形になる比較級の場合でも，文の形はerの語の場合と同じです。比較級はmore ～のあとに **than** …をつけて，「…よりも～」という意味になります。

This picture is more beautiful than that one.　♪17
　　　　　　　　　（この絵はあの絵よりも美しいです。）
Soccer is more popular than baseball in my class.
　　　　　　（私のクラスでは，サッカーは野球よりも人気があります。）

3　most ～ の文の形

most ～の形になる最上級の場合でも，文の形はestの語の場合と同じです。mostの前にはふつう **the** をつけます。また，あとにin …かof …をつけると，「…の中でいちばん～」という意味になります。

Mt. Fuji is the most famous mountain in Japan.　♪18
　　　　　　　　　（富士山は日本でいちばん有名な山です。）
What is the most popular sport in Japan?
　　　　　　　　（日本でいちばん人気のあるスポーツは何ですか。）

テストで
注意　**more taller** などとしない!

　tall（tall—taller—tallest）のようにふつうにer, estの形に変化する語にmore, mostをつけるまちがいが多いので注意しましょう。erやestをつけたら，moreやmostは使いません。
○He is taller than Emi.
×He is *more tall* than Emi.
×He is *more taller* than Emi.

mostの前にはthe をつけるよ。

✓ チェック問題

次の____に適する語を入れましょう。

(1)　この本はあの本よりも難しいです。
　　This book is _____ _____ than that one.

(2)　この歌は今，日本でいちばん人気があります。
　　This song is the _____ _____ in Japan now.

┌─────── 解　答 ───────┐

(1)　more,　difficult

(2)　most,　popular

5 whichで始まる疑問文

「どちらがより〜ですか」「どれがいちばん〜ですか」とたずねる文

♪19

Which is the newest computer of all?

（全部の中で，どれがいちばん新しいコンピューターですか。）

「どちらがより〜ですか」「どれがいちばん〜ですか」とたずねるときは比較級や最上級を使って，Which is 〜? などの形でたずねます。

Which is the newest computer of all?
どれが〜 ← 最上級　（全部の中で，どれがいちばん新しいコンピューターですか。）

1 「どちらがより〜ですか」

「(AとBの) どちらがより〜ですか」とたずねるときは〈Which is ＋比較級〉で文を始めて，文の終わりに〈, A or B?〉と続けます。

Which is larger, Canada or China?　♪20
— Canada is.

（カナダと中国ではどちらが大きいですか。—カナダです。）

2 「どれがいちばん〜ですか」

「(いくつかのうちで) どれがいちばん〜ですか」とたずねるときは最上級を使います。

Which river is the longest in Japan?　♪21
— The Shinano River is.

（日本ではどの川がいちばん長いですか。— 信濃川です。）

スピーキング A or B の言い方

A or B は，ふつうA のあとを上げ調子で，B のあとを下げ調子で読みます。

✓確認 「どの〜」の which

Which のあとに名詞をおいて，Which ○○ is 〜? （どの○○が〜）とたずねることもできます。

発展 which と what の使い分け

「(決まった選択肢がない中で) 何がいちばん〜ですか」とたずねるときは，What を使います。限られたものの中で「どれが」とたずねるときは Which を使います。

6 like 〜 better, the best

「〜のほうが好きだ」「〜がいちばん好きだ」などの文

基本例文 ♪22

I like cats better than dogs.

（私は犬よりもねこのほうが好きです。）

ここで **学習** すること ▷ 2つを比べて「BよりもAのほうが好きだ」はlike A better than Bで表します。また，「〜がいちばん好きだ」はlike 〜 the bestで表します。

1 「〜のほうが好きだ」の文

2つを比べて「BよりもAのほうが好きだ」と言うときは，**like A better than B**で表します。

> ♪23
> I like red better than blue.　　（私は青より赤のほうが好きです。）
> Miki likes curry better than pizza.
> 　　　　（美紀はピザよりカレーのほうが好きです。）

2 「〜がいちばん好きだ」の文

3つ以上の中から「〜がいちばん好きだ」と言うときは，**like 〜 the best**を使います。

> I like summer the best of the four seasons.　♪24
> 　　　　（私は四季の中で夏がいちばん好きです。）
> Tom likes baseball the best of all sports.
> 　　　　（トムは全部のスポーツの中で，野球がいちばん好きです。）

テストで **注意** betterを忘れずに！

　「〜のほうが好きだ」と言うときはbetterを忘れないようにしましょう。×Miki likes curry than pizza.というミスが多いので注意してください。

参考 like 〜 best

　like 〜 the bestのtheは入れないこともあります。

3 「AとBのどちらが好きですか」

「AとBではどちらが好きですか」は**Which do you like better,** A **or** B**?**で表します。この質問に対しては，I like ～ better.「～のほうが好きです」のように答えます。

> **Which do you like better, English or math?** 🎵 25
> — **I like English better.**
> （あなたは英語と数学では，どちらが好きですか。 — 私は英語のほうが好きです。）

4 「どの～がいちばん好きですか」

いくつかの決められた選択肢の中で，「あなたはどの～がいちばん好きですか」とたずねるときは，**Which ～ do you like the best?**で表します。

> **Which season do you like the best?** 🎵 26
> — **I like spring the best.**
> （あなたはどの季節がいちばん好きですか。 — 私は春がいちばん好きです。）

くわしく **whichとwhat の使い分け**

決められた選択肢がないときは，Whichの代わりにWhatを使ってWhat ～ do you like the best?でたずねます。
・**What sport do you like the best?**
（あなたはどのスポーツがいちばん好きですか。）

✓ チェック問題

次の____に適する語を入れましょう。

(1) 私は理科よりも数学のほうが好きです。

I like math _____ _____ science.

(2) 彼女はすべてのスポーツの中でテニスがいちばん好きです。

She likes tennis the _____ _____ all sports.

(3) あなたは夏と冬では，どちらが好きですか。

Which do you like _____, summer _____ winter?

解 答

(1) better, than

(2) best, of

(3) better, or

7 as 〜 as …

程度が同じであることを表すときの文

♪27

基本例文

Mr. Green is **as** tall **as** my brother.

（グリーン先生は私の兄と同じくらいの背の高さです。）

ここで **学習** すること

「Aと同じくらい〜」と言うときは，as 〜 as Aで表します。「〜」には形容詞・副詞の原級がきます。

Mr. Green is <u>as</u> tall <u>as</u> my brother.

↑ 形容詞・副詞の原級をasとasではさむ

（グリーン先生は私の兄と同じくらいの背の高さです。）

---

1 as 〜 as …

「Aと同じくらい〜だ」のように，程度が同じくらいであることを言うときはas 〜 as Aの形を使います。asとasの間には形容詞・副詞の原級（もとの形）が入ります。

> I'm as tall as Bill. （私はビルと同じくらいの背の高さです。）　♪28
> Yumi is as old as Emi. （由美は絵美と同じくらいの年齢です。）
> I get up as early as my mother. （私は母と同じくらい早く起きます。）

発展 **「私と同じくらい」など の言い方**

「ビルは<u>私と同じくらい</u>の背の高さです。」のようにasのあとに代名詞がくるときは，asに〈代名詞＋動詞〉を続けて，Bill is as tall <u>as I am.</u>のように言うことがあります。

2 not as 〜 as …

as 〜 as Aの否定文の**not as 〜 as A**は，「Aほど〜ではない」という意味になります。

> I am not as busy as you. （私はあなたほど忙しくありません。）　♪29
> Ann can't run as fast as Koji. （アンは浩二ほど速く走れません。）

テストで **注意** **意味に注意**

not as 〜 as Aは，「Aほど〜ではない」という意味です。

8 いろいろな比較の文

「ほかのどの…よりも〜」「…の〜倍大きい」などの言い方

> ### 基本例文
> ♪30
> # Mt. Fuji is **higher than any other** mountain in Japan.
> （富士山は日本のほかのどの山よりも高い。）

ここで
学習
すること

「ほかのどの…よりも〜」は〈比較級＋than any other …〉で表します。
otherのあとの名詞はふつう単数形を使います。

Mt. Fuji is higher than any other mountain in Japan.
　　　　　　　　　↑ 比較級　　　　　　　　　↑ 単数形

（富士山は日本のほかのどの山よりも高い。）

---

1 〜 than any other …

〈比較級＋than any other …〉で「ほかのどの…よりも〜」という意味を表します。otherのあとの名詞はふつう単数形を使います。

> Aya is smarter than any other student in her school. ♪31
> （彩は彼女の学校のほかのどの生徒よりも頭がいい。）

2 〜 times as — as …

as — as …は「…と同じくらい—」という意味ですが，〜 times as — as …で「…の〜倍—」という意味を表します。

> His house is three times as big as mine. ♪32
> （彼の家は私の家の3倍の大きさです。）
> The U.S. is about 25 times as large as Japan.
> （アメリカ合衆国は日本の約25倍の大きさです。）

✎くわしく 「2倍」「2分の1」

「2倍」はtwo timesと言う代わりにtwice（2倍）という単語が使われます。

・Her room is twice as large as mine.
（彼女の部屋は私の部屋の2倍の大きさです。）

「2分の1」はhalf（半分）という単語を使って表せます。

・My room is half as large as hers.
（私の部屋は彼女の部屋の半分の大きさです。）

168

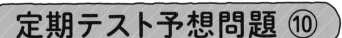

定期テスト予想問題 ⑩

1 音声を聞いて，A，B，Cのうち絵の内容に合う答えを選び，記号に○をつけなさい。

♪33 【6点×2】

(1)

Jim　Ayumi　Eve
A　B　C

(2)

Kenji　Amy　Yuki
A　B　C

2 次の語の比較級，最上級の形を書きなさい。

【2点×5】

〈原級〉　　　　〈比較級〉　　　　　　　〈最上級〉

(1) large ＿＿＿＿＿＿＿＿　　＿＿＿＿＿＿＿＿

(2) big ＿＿＿＿＿＿＿＿　　＿＿＿＿＿＿＿＿

(3) happy ＿＿＿＿＿＿＿＿　　＿＿＿＿＿＿＿＿

(4) many ＿＿＿＿＿＿＿＿　　＿＿＿＿＿＿＿＿

(5) important ＿＿＿＿＿＿＿＿　　＿＿＿＿＿＿＿＿

3 次の文の( )から適する語句を選び，記号を○で囲みなさい。

【3点×5】

(1) This bike is as (ア old イ older ウ oldest) as yours.

(2) That is the (ア tall イ taller ウ tallest) building in my city.

(3) Is your mother (ア short イ shorter ウ shortest) than your brother?

(4) I think this is the (ア interesting イ more interesting ウ most interesting) movie of the three.

(5) The bird can fly the (ア high イ higher ウ highest) of all.

4 次の（ ）内の語を適する形にかえて，_____ に書きなさい。 【3点×6】

(1) Our house is _____ than yours. （small）

(2) This camera is the _____ of the three. （good）

(3) Are you the _____ in your family? （young）

(4) This book is _____ than that one. （easy）

(5) My mother gets up the _____ in my family. （early）

(6) You watch TV _____ than my sister. （long）

5 次の日本文に合う英文になるように，_____ に適する語を入れなさい。 【4点×6】

(1) あれが世界一長い川です。
　　That's _____ _____ river _____ the world.

(2) 私たちの学校ではテニスはサッカーと同じくらい人気があります。
　　Tennis is _____ popular _____ soccer in our school.

(3) 彼女は家族の中でいちばん一生懸命働きました。
　　She worked _____ _____ _____ her family.

(4) 北海道よりここのほうが寒い。
　　It's _____ here _____ in Hokkaido.

(5) あなたは数学と理科では，どちらのほうが好きですか。
　　Which do you like _____, math _____ science?

(6) 日本はカナダほど大きくありません。
　　Japan is not _____ _____ _____ Canada.

6 次の日本文に合う英文になるように，[ ]内の語を並べかえなさい。 【7点×3】

(1) 私の部屋はこの部屋より広い。 [is, room, larger, my, than, this, one].

_____

(2) 全部の中でこの本がいちばんおもしろい。[the, of, this, interesting, book, all, is, most].

_____

(3) あなたは何のスポーツがいちばん好きですか。[you, do, the, what, like, sport, best]?

_____

比較級・最上級を使ってみよう！

比較級や最上級を使って，「より〜」や「いちばん〜」などと，いろいろと比較してみましょう。

1 比較検討する ♪34

Shinkansen is faster than the bus.
新幹線のほうがバスより速いよ。

But the bus is cheaper than Shinkansen.
でもバスのほうが新幹線よりも安いよ。

I like Shinkansen better.
I think it's more comfortable.
私は新幹線のほうがいいなー。
新幹線のほうが快適だと思うし。

But the bus is better than you think.
でもバスって，きみが考えているよりいいよ。

② 好みをたずねる ♪35

比較級は，どちらのほうが好きかなど，好みをたずねるときにも使えます。

Which do you like better?

Which is more popular?

どちらがいいですか？

どっちが人気ありますかね？

③ こんなときにも使う！ ♪36

はげますとき…

You're getting better.

上手になってきてるよ。

ほめるとき…

She's the most beautiful girl in the world!

彼女こそ世界でいちばんきれいな女の子だ！

11章

受け身

1 受け身とは

受け身（受動態）の意味と形

> ## 基本例文
>
> ## This room **is cleaned** every day.
>
> （この部屋は毎日そうじされます。）

ここで 学 習 すること

「〜される」という受け身の文は，be動詞のあとに過去分詞を続けます。

ふつうの文 I <u>clean</u> this room every day.

be動詞のあとに過去分詞を続ける

（私はこの部屋を毎日そうじします。）

受け身の文 This room <u>is cleaned</u> every day.

（この部屋は毎日そうじされます。）

1 受け身とは

「…は〜する」「…は〜した」というような，「する側」の立場から表した文ではなく，「される側」の立場に立って，「…は〜される」「…は〜された」という言い方が**受け身**の文です。

I clean this room.
→「私」が話の中心

This room is cleaned.
→「部屋」が話の中心

受け身の文は，「この部屋は掃除された」のように，**物を主語に**して「〜される」と説明するときなどによく使われます。

くわしく 受動態・能動態

受け身の文は，受動態の文ということもあります。

また，「…は〜される」を受動態というのに対して，「…が〜する」という文は，能動態といいます。

くわしく 受け身で表現される内容の例

・英語はたくさんの国で<u>話されています</u>。
・この本は芥川龍之介によって<u>書かれました</u>。

2　受け身の文の形

「…は〜される」という受け身の文は，**be動詞**のあとに**過去分詞**を続けて表します。be動詞は，現在の文なら am, is, are を主語に合わせて使い分けます。

主語	現在形	過去分詞
I	am	
He / She / It など3人称単数	is	〜ed など
You	are	
We / They など複数		

They make these cars in Japan. ♪02
（彼らは日本でこれらの車を作っています。）

These cars are made in Japan.
（これらの車は日本で作られています。）

3　by 〜 がつくこともある

「…によって使われます」のように，「だれによって」されるのか，つまり動作をする人を明確にするときは，受け身の文に **by 〜** を加えます。

Kyoto is visited by many people. ♪03
（京都はたくさんの人に訪問されます。→京都にはたくさんの人が訪れます。）

This car is washed by my father.
（この車は私の父によって洗われます。）

▶くわしく **過去分詞**

「過去分詞」とは動詞が変化した形の1つです。
（→p.176）

参考 **be動詞を使う文**

・She is our teacher.
（彼女は私たちの先生です。）
・I'm studying now.
（私は今勉強しています。）
・He is going to watch TV.（彼はテレビを見るつもりです。）
・There is a book on the desk.
（机の上に本があります。）

✔確認 **byのあとの代名詞**

byのあとに代名詞がくるときは目的格にします。
・This room is cleaned by her.
（この部屋は彼女によってそうじされます。）

11章／受け身

2 過去分詞とは

動詞が変化した形の１つ

基本例文

♪ 04

English is **used** in this country.

（この国では英語が使われています。）

ここで **学 習** すること

過去分詞とは動詞が変化した形の１つです。規則動詞か不規則動詞かによって，つくり方が異なります。

1 過去分詞とは

　過去分詞は，過去形やing形などと同じように動詞が変化した形の１つです。

　過去分詞の大部分は，過去形と同じ形をしています。

2 規則動詞の過去分詞

　規則動詞の過去分詞は，過去形とまったく同じ形です。動詞の原形（もとの形）の語尾に**ed**または**d**をつけてつくります。

原形	過去形	過去分詞
play（～をする）	played	played
visit（～を訪問する）	visited	visited
use（～を使う）	used	used
love（～を愛する）	loved	loved
carry（～を運ぶ）	carried	carried
plan（～を計画する）	planned	planned

┃ 参考　過去分詞を使う文

　過去分詞は，「過去」という言葉がついていますが，過去分詞に「過去」の意味があるわけではありません。

　過去分詞は，次の３つの用法で使われます。
① 受け身
② 現在完了形
③ 名詞を修飾

過去分詞の多くは，過去形とまったく同じ形なんだ。

3 不規則動詞の過去分詞

過去形をつくるときに不規則に変化する不規則動詞の中には，過去形と過去分詞が同じ形のものがいくつかあります。

原形	過去形	過去分詞 ♪05
build （〜を建てる）	built	built
catch （〜をとらえる）	caught	caught
feel （〜を感じる）	felt	felt
find （〜を見つける）	found	found
hear （〜が聞こえる）	heard	heard
hold （〜を開く）	held	held
keep （〜を保つ）	kept	kept
make （〜を作る）	made	made
read （〜を読む）	read	read
say （〜と言う）	said	said
sell （〜を売る）	sold	sold

不規則動詞の中には，過去分詞の形が過去形と異なるものもいくつかあります。

原形	過去形	過去分詞 ♪06
begin （〜を始める）	began	begun
break （〜をこわす）	broke	broken
do （〜をする）	did	done
eat （〜を食べる）	ate	eaten
give （〜を与える）	gave	given
go （行く）	went	gone
know （〜を知っている）	knew	known
see （〜を見る）	saw	seen
sing （〈歌〉を歌う）	sang	sung
speak （〜を話す）	spoke	spoken
take （〜を取る）	took	taken
write （〜を書く）	wrote	written

くわしく 分詞とは

動詞から変化して動詞本来の働き（現在か過去かを表し，文の骨組みとなる）を失い，形容詞のような働きをする形を分詞といいます。進行形で使われるing形は「現在分詞」と呼ばれます。

テストで注意 readの発音に注意!

read （読む）は，原形と過去形・過去分詞は同じつづりですが，発音が異なります。原形は ［riːd リード］ と発音しますが，過去形・過去分詞は ［red レッド］ と発音します。

発展 熟語を使った受け身の文

take care of 〜 （〜の世話をする）のような熟語は，受け身の文でも 1 つのまとまりとして扱います。

・The baby was taken care of by my mother. （その赤ちゃんは私の母によって世話をされました。）

不規則動詞の中には，原形と過去分詞の形が同じものもあります。

原形	過去形	過去分詞 ♪07
become（〜になる）	became	become
come（来る）	came	come
run（走る）	ran	run

原形・過去形・過去分詞の形がすべて同じものもあります。

原形	過去形	過去分詞 ♪08
cut（〜を切る）	cut	cut
put（〜を置く）	put	put

> 不規則動詞の過去分詞は1つ1つ覚えよう。

✔チェック問題

次の___に適する語を入れましょう。

(1) この公園は毎日多くの人が訪れます。

This park is _____ by a lot of people every day.

(2) 彼女の歌はみんなに愛されています。

Her songs are _____ by everyone.

(3) この手紙は英語で書かれています。

This letter is _____ in English.

(4) この門は9時に閉まります。

This gate is _____ at nine.

解答

(1) visited

(2) loved

(3) written

(4) closed

3 過去の受け身の文

過去の意味を表す受け身の文

♪ 09

That building **was built** 100 years ago.

（あのビルは100年前に建てられました。）

ここで 学 習 すること

「〜された」という受け身の文は，was, were のあとに過去分詞を続けます。

That building <u>was</u> built 100 years ago.

↑ 過去の内容ならwas, were を使う

（あのビルは100年前
に建てられました。）

「〜された」という意味の過去の受け身の文は，be動詞の過去形
was, **were** のあとに**過去分詞**を続けて表します。

現在か過去かは
be動詞で表すよ。

主語	過去形	過去分詞
I	was	〜ed など
He / She / It など3人称単数	was	
You	were	
We / They など複数	were	

♪ 10

His car is washed every day.　　（彼の車は毎日洗われます。）

His car was washed yesterday.　（彼の車は昨日洗われました。）

We are invited to the party.

（私たちはパーティーに招待されています。）

We were invited to the party.

（私たちはパーティーに招待されました。）

4 受け身の否定文

現在と過去の受け身の否定文

♪ 11

基本例文

English **is not used** in this country.

（この国では英語が使われていません。）

ここで
学 習
すること

受け身の否定文はbe動詞のあとに not を入れます。

| 肯定文 | **English is** **used in this country.** |

⬇ be動詞のあとに not （この国では英語が使われています。）

| 否定文 | **English is not used in this country.** |

（この国では英語が使われていません。）

「～されません」という現在の文なら **am，are，is** のあとに **not** を，「～されませんでした」という過去の文なら，**was，were** のあとに **not** を入れます。

These pictures were painted by Picasso.　♪ 12
（これらの絵はピカソによって描かれました。）

These pictures were not painted by Picasso.
（これらの絵はピカソによって描かれたものではありません。）

☑ チェック問題

次の文を否定文に書きかえるとき，＿＿に適する語を入れましょう。

(1) This computer is used now.

This computer is ＿＿＿＿＿ ＿＿＿＿＿ now.

(2) The room was cleaned yesterday.

The room ＿＿＿＿＿ ＿＿＿＿＿ yesterday.

| 解 答 |

(1) not, used

(2) wasn't, cleaned

5 受け身の疑問文

現在と過去の受け身の疑問文と答え方

基本例文

Is English **used** in this country?

（この国では英語が使われていますか。）

「〜されていますか」という受け身の疑問文はbe動詞で文を始めます。

| ふつうの文 | English is used in this country. | （この国では英語が使われています。） |

| 疑問文 | **Is** English used in this country? |

└─ be動詞で文を始める　　　　（この国では英語が使われていますか。）

---

1 受け身の疑問文

受け身の疑問文はbe動詞で文を始めます。「〜されますか」という現在の文なら**am**，**are**，**is**を，「〜されましたか」という過去の文なら，**was**，**were**を主語の前におきます。

This story was written by Shiga Naoya.　♪ 14

（この物語は志賀直哉によって書かれました。）

Was this story written by Shiga Naoya?

（この物語は志賀直哉によって書かれましたか。）

2 答え方

答え方はふつうのbe動詞の文と同じで，be動詞を使って答えます。

Is the meeting held every Monday?　♪ 15

（その会合は毎週月曜日に開かれますか。）

— Yes, it is. / No, it isn't. （はい，開かれます。／いいえ，開かれません。）

テストで注意 Do，Does，Didは使わない！

受け身の疑問文でDo，DoesやDidを使うまちがいが多いので注意しましょう。

× *Did* this story written by Shiga Naoya?

3 (疑問詞のある疑問文)

「何を~されますか」「いつ~されましたか」のようにたずねるときは、疑問詞で文を始めます。

When was this temple built? ♪16
— It was built over 500 years ago.
（この寺はいつ建てられましたか。—それは500年以上前に建てられました。）
What is written in his letter? （彼の手紙には何が書かれていますか。）

〈疑問詞＋語句〉のまとまりで文を始めることもあります。

What language is spoken in Mexico? — Spanish. ♪17
（メキシコでは何語が話されていますか。— スペイン語です。）
How many people were killed in the accident?
（その事故では何人が亡くなったのですか。）

発展　be born

born は bear（~を生む）という動詞の過去分詞。be born で「生まれる」という意味になります。
・Where were you born?
— I was born in Tokyo.
（あなたはどこで生まれたのですか。—私は東京で生まれました。）

✓ チェック問題

次の___に適する語を入れましょう。

(1) この部屋は毎日そうじされていますか。

_____ this room _____ every day?

(2) 彼らの授業ではコンピューターは使われていますか。

_____ computers _____ in their class?

(3) 先週、その会議はどこで開催されましたか。

_____ _____ the meeting held last week?

解　答

(1) Is, cleaned

(2) Are, used

(3) Where, was

定期テスト予想問題 ⑪

時間 ▶ 40分
解答 ▶ p.243

得点 　／100

---

1 次の動詞の過去形と過去分詞を書きなさい。 【2点×4】

　　〈原形〉　　〈過去形〉　　　　〈過去分詞〉

(1)　love　＿＿＿＿＿＿　＿＿＿＿＿＿

(2)　see　＿＿＿＿＿＿　＿＿＿＿＿＿

(3)　make　＿＿＿＿＿＿　＿＿＿＿＿＿

(4)　read　＿＿＿＿＿＿　＿＿＿＿＿＿

2 次の文を [　　] 内の指示にしたがって書きかえるとき，＿＿＿＿ に適する語を入れなさい。 【4点×4】

(1)　That gate is opened at ten. ［疑問文に］
　　＿＿＿＿＿＿＿＿ that gate ＿＿＿＿＿＿＿＿ at ten?

(2)　This bike is used every day. ［下線部をyesterdayにして］
　　This bike ＿＿＿＿＿＿＿＿ ＿＿＿＿＿＿＿＿ yesterday.

(3)　Is this book read by young people? ［下線部を複数形にして］
　　＿＿＿＿＿＿＿＿ ＿＿＿＿＿＿＿＿ books ＿＿＿＿＿＿＿＿ by young people?

(4)　The tower was built in 2000. ［下線部をたずねる文に］
　　＿＿＿＿＿＿＿＿ ＿＿＿＿＿＿＿＿ the tower ＿＿＿＿＿＿＿＿?

3 次の各組の文がほぼ同じ内容を表すように，＿＿＿＿ に適する語を入れなさい。 【5点×3】

(1)　｛ A lot of people speak English.
　　　English ＿＿＿＿＿＿＿＿ ＿＿＿＿＿＿＿＿ ＿＿＿＿＿＿＿＿ a lot of people.

(2)　｛ They didn't read her book.
　　　Her book ＿＿＿＿＿＿＿＿ ＿＿＿＿＿＿＿＿ by them.

(3)　｛ Did he invite them to the party?
　　　＿＿＿＿＿＿＿＿ ＿＿＿＿＿＿＿＿ invited to the party by ＿＿＿＿＿＿＿＿?

4 次の日本文の意味を表す英文を [   ] 内の語を使ってつくりなさい。ただし，1語不足しているので補うこと。 【5点×3】

(1) 私はよく彼女に手伝ってもらいました。   [her, often, I, by, was].

_____

(2) カナダでは何語が話されていますか。   [spoken, Canada, what, in, language]?

_____

(3) これらのテーブルは中国で作られています。   [tables, in, China, these, are].

_____

5 次の対話文が成り立つように，_____ に適する語を入れなさい。 【5点×2】

(1) A: Were these books written by Dazai Osamu?
    B: No, _____ _____.

(2) A: Where was this building built?
    B: _____ _____ _____ in London.

6 次の文を [   ] 内の指示にしたがって，全文を書きかえなさい。 【6点×2】

(1) A famous singer wrote this book.   [下線部を主語にした受け身の文に]

_____

(2) My mother took these pictures.   [下線部を主語にした受け身の文に]

_____

7 次の日本文を英語になおしなさい。 【8点×3】

(1) あの店ではマンガ (comic books) は売られていません。

_____ at that store.

(2) 東京タワーは1958年に建造されました。

Tokyo Tower _____.

(3) このコンピューターは多くの国で使われています。

This computer _____.

12章

〈to ＋ 動詞の原形〉の発展

how to 〜

「〜のしかた」の言い方

〔基本例文〕

♪01

Do you know **how to** use this?

（これの使い方を知っていますか。）

ここで
学 習
すること

「どのように〜すればよいか」と言うときは，how to 〜で表します。

日本語　これの<u>使い方</u>を知っていますか。

how to 〜 を使って表す

英 語　**Do you know how to use this?**

〈**how to** + 動詞の原形〉は「どのように〜すればよいか」「〜の
しかた」という意味を表します。

know（〜を知っている）やtell（〜を教える）などの動詞のあと
にきます。

I want to know how to play this game. ♪02
（私はこのゲームのやり方を知りたい。）

My grandfather doesn't know how to send e-mails.
（私の祖父はメールの送り方を知りません。）

Could you tell me how to get to the hospital?
（病院への行き方を教えてくださいますか。）

♪くわしく **how to 〜の働き**

　how to 〜はひとまとまりで名
詞と同じような働きをして，
knowなどの動詞の目的語になり
ます。

> how toはやり方
> をたずねるときに
> よく使うよ。

2　what to 〜

「何を〜すればよいか」などの言い方

基本例文

I don't know **what to** do.

（私は何をすればよいかわかりません。）

ここで**学習**すること

> 「何を〜すればよいか」と言うときは，what to 〜 を使って表します。
>
> 日本語　私は<u>何を</u>すれば<u>よいか</u>わかりません。
>
> ↓ what to 〜を使って表す
>
> 英　語　**I don't know what to do.**

1　「何を〜すればよいか」の言い方

〈**what to** ＋動詞の原形〉は「何を〜すればよいか」という意味で，know や ask，tell などの動詞のあとでよく使われます。

Do you know what to buy?（あなたは何を買えばよいか知っていますか。）　♪04
I didn't know what to say to her.
　　　　（私は彼女に何と言えばよいかわかりませんでした。）

2　〈疑問詞＋to 〜〉の文

what 以外の疑問詞に〈to ＋動詞の原形〉を続ける表現もあります。

Do you know where to buy a ticket?　♪05
　　　　（あなたはどこで切符を買えばよいか知っていますか。）
She asked me when to come.（彼女は私にいつ来ればよいかたずねました。）

発展　〈what＋名詞＋to 〜〉の形

what のあとに名詞がくることもあります。

・I don't know what book to read.

（私は何の本を読めばよいかわかりません。）

187

3 It is … to ～.

「～することは…です」の言い方

基本例文

It is important to learn about other cultures.
（ほかの文化について学ぶことは大切です。）

♪ 06

ここで
学 習
すること

「～することは…だ」という文は，It is … to ～. で表します。

| to ～が主語 | **To learn about other cultures is important.** |

↓ とりあえずの主語 It を使って表す

| It が主語 | **It is important to learn about other cultures.** |

（ほかの文化について学ぶことは大切です。）

---

1 It is … to ～. の文

不定詞（**to＋動詞の原形**）が主語のときは，**It** を「とりあえずの主語」として〈It is＋形容詞〉で文を始めて，あとに本当の主語である不定詞を続けます。「～することは…だ」という意味です。

It is important to read books.（本を読むことは大切です。）♪ 07

2 よく使われる形容詞

〈It is＋形容詞＋to ～.〉では，次の形容詞がよく使われます。

easy	（やさしい，簡単な）	good	（よい）
difficult	（難しい，困難な）	hard	（難しい）
interesting	（おもしろい）	important	（大切な）
useful	（役に立つ，有益な）	exciting	（興奮させる）
dangerous	（危険な，危ない）	necessary	（必要な）

くわしく「とりあえずの**主語**」の It
It is … to ～. の It は「形式主語」や「仮主語」と呼ばれます。また，to ～ は「本当の主語」「真主語」と呼ばれることがあります。

188

「おもしろいこと，楽しさ」という意味の名詞funも形容詞と同じように使われることがあります。

> It was difficult to answer the question. ♪08
> （その質問に答えるのは難しかった。）
> It is a lot of fun to play basketball.
> （バスケットボールをするのはとても楽しい。）

くわしく fun の使い方

fun（おもしろいこと，楽しさ）は名詞で，次のように使います。
・It's a lot of fun to play tennis.
（テニスをすることはとても楽しい。）

3 「―にとって」の言い方

不定詞の動作をするのがだれなのかをはっきりさせるために「―にとって」と言うときは，for me（私にとって）のように〈for＋人〉をto ～の前に入れます。

> It is important for us to read a lot of books. ♪09
> （たくさんの本を読むことは私たちにとって大切です。）
> It was exciting for me to watch the soccer game.
> （そのサッカーの試合を見ることは私にはわくわくすることでした。）

くわしく 〈for＋人〉の働き

この「人」は，to ～の動作をする人を表しているので「不定詞の意味上の主語」と呼ばれることがあります。

チェック問題

次の___に適する語を入れましょう。

(1) コンピューターを使うことは簡単です。

　　_____ is easy _____ use computers.

(2) 英語を勉強することは私たちにとって大切です。

　　It's important _____ _____ to study English.

(3) 彼にとってピアノを弾くことは難しいです。

　　_____ _____ difficult for him _____

　　play the piano.

解答

(1) It, to

(2) for, us

(3) It, is, to

4 ｜ want 人 to ～，tell 人 to ～

「～してほしい」「～するように言う」などの言い方（※多くの学校では中3の範囲です。）

基本例文

♪ 10

I **want** her **to** help him.

（私は彼女に彼を手伝ってあげてほしい。）

ここで
学習
すること

「（人）に～してほしい」と言うときはwantに〈人＋to ～〉を続けます。

日本語　私は彼女に彼を手伝ってあげてほしい。

⬇ want 人 to ～ の形で表す

英　語　**I want her to help him.**

1 「～してほしい」の言い方

　I want to ～は主語のI（私）が「～したい」という意味ですが，「主語以外のだれかに～してほしい」と言うときは，〈**want＋人＋to ～**〉の形で表します。toのあとには動詞の原形がきます。

I want to open the window. 　（私は窓を開けたい。） ♪ 11
I want you to open the window.
　　　　　　　　　　（私はあなたに窓を開けてほしい。）

- -

She wants to talk about Japan.
　　　　　（彼女は日本について話したがっています。）
She wants me to talk about Japan.
　　　　　（彼女は私に日本について話してもらいたいと思っています。）

発展　would like

　wantのかわりにwould likeを使うとていねいな言い方になります。

・I'd like you to come.
（私はあなたに来てほしいのですが。）

2 「～するように言う」の言い方

「(人) に～するように言う」と言うときは，〈tell＋人＋to ～〉の形で表します。toのあとには動詞の原形がきて，tellのあとの「人」がto ～の動作をする意味上の主語になっています。

> Ms. Green told me to speak in English. ♪ 12
> 　　　　　（グリーン先生は私に英語で話すように言いました。）
>
> Could you tell her to call me back?
> 　　　　　（私に電話を折り返すように彼女に伝えてもらえますか。）

3 「～するように頼む」の言い方

「(人) に～するように頼む」と言うときは，〈ask＋人＋to ～〉の形で表します。toのあとには動詞の原形がきます。

> He asked me to help him with his homework. ♪ 13
> 　　　　　（彼は私に宿題を手伝ってくれるように頼みました。）
>
> I asked Mike to speak more slowly.
> 　　　　　（私はマイクにもっとゆっくり話してくれるように頼みました。）
>
> Did you ask her to come here?
> 　　　　　（あなたは彼女にここに来てくれるように頼みましたか。）

発展　命令文への書きかえ

〈tell＋ 人 ＋to ～〉の文は，〈say to＋人，"命令文"〉の形に書きかえられることがあります。

・She told me to study English.
（彼女は私に英語を勉強するように言いました。）

→ She said to me, "Study English."
（彼女は私に「英語を勉強しなさい」と言いました。）

発展　命令文への書きかえ

〈ask＋ 人 ＋to ～〉の文は，〈say to＋ 人，"Please ～."〉の形に書きかえられることがあります。

・She asked me to speak slowly.
（彼女は私にゆっくり話すように頼みました。）

→ She said to me, "Please speak slowly."
（彼女は私に「ゆっくり話してください」と言いました。）

中学生のための
勉強・学校生活アドバイス

まずはテストで1回良い点を取ってみよう

「テストってやだよなぁ。緊張するし…。テストがなければストレスのない学生生活になるのになぁ。」

「だよなー！ 俺がteacherになったらテストなんて無くして，ストレスフリーでピースフルな学校にするのになぁ。」

「ちょっとあなたたち，テストを"悪いもの"と勝手に決めつけてない？ テストで良い点を取れば自信もつくし，勉強も楽しくなるし，テストが好きになるわよ。」

「そうなれないから困ってるんですが…。」

「まずは1回良い点を取る。これは気合を入れてしっかり勉強に取り組まなきゃできないことだから，簡単ではないわよ。でも，**"良い点を取る→自信がついて勉強が楽しくなる→次も良い点が取れる"というサイクル**になることは本当にあるの。」

「もしかして，その逆のサイクルもある？」

「Badな点を取る→Badな気分→またBadな点…。明人はこんな感じだったよなぁ～！」

「悪い点を取ってもお気楽な洸士郎がうらやましいよ…。」

「勉強には"自信"や"楽しさ"のようなメンタルがとても大きく関わるのよ。自分の気持ちを盛り上げることが大事だから，**まずは1教科に全力投球するだけでもいいの。」**

「1教科でいいから良い点を実際に取れば，自分の気持ちが変わってくるのか。」

「そう。全教科で75点を取るよりも，1教科でいいから90点台を取ったほうが大きな達成感が得られると思うよ。」

「スーパーいい気分だろうな！」

「じゃあ，次の定期テストでは英語に全力投球したらどう？ 英文が頭に刻み込まれるまで音読して，英単語はすべて完璧に覚える！」

「すでに楽しくなってきました！」

「素直な子たちで良かった…。」

自信は自分で作るもの！

13章

その他の学習事項

1 英語学習で使う表現

先生などと英語でやりとりするときの表現

ここで
学習
すること

聞き返す言葉や，英単語の意味のたずね方など，英語に関する質問をするときに役立つ言い方を学習します。

1 聞き返すときの言い方

相手の言った英語が聞き取れなかったときに，「何と言ったのですか。」などと聞き返すときは次の表現を使います。

Pardon?	（失礼〈聞き取れませんでした〉。）	♪ 01
I'm sorry?	（ごめんなさい〈聞き取れませんでした〉。）	
Sorry, can you say that again?		
	（ごめんなさい，もう一度言ってもらえますか。）	

2 英語での言い方や意味をたずねる

ALTの先生などに，英語での言い方や単語の意味をたずねるときは次の表現を使います。

♪ 02

What's "juku" in English?	（英語で「塾」は何と言いますか。）
How do you say "nemui" in English?	
	（「眠い」は英語でどう言えばいいのですか。）
What does this word mean?	
	（この単語の意味は何ですか。）

S 🎤 その他の
スピーキング 聞き直し方

相手の言ったことが聞き取れなかったときには，次のように聞き返すこともあります。
・Pardon me?
・I beg your pardon?

くわしく 表現の意味

How do you say ～ in English? は，文字通りには「あなたは英語で～をどのように言いますか」という意味ですが，このyouは「英語を話す人一般」をさしています。

What does this word mean? のmeanは「意味する」という動詞で，文字通りには「この単語は何を意味しますか。」とたずねる文です。

3 単語のつづりや発音をたずねる

英単語のつづり（スペリング）や発音についてたずねるときは次の表現を使います。

> **How do you spell that?**　　　　　　　♪ 03
> 　　　　（それはどうつづるのですか〈その単語のスペルは何ですか〉。）
> **How do you pronounce this?**
> 　　　　　　　　　　　　（これはどう発音するのですか。）

上の英文のyouは，聞き手を含む「英語を話す人一般」をさしています。

たくさん質問するのは良いことだよ。

4 意味のちがいをたずねる

2つの単語や表現の意味のちがいについてたずねるときは次の表現を使います。

> 　　　　　　　　　　　　　　　　　　　♪ 04
> **What's the difference between "store" and "shop"?**
> 　　　　　　　　　　（store と shopのちがいは何ですか。）

5 合っているか確認する

自分が書いた英文や，自分が話した英語について，先生に合っているかどうか確認するときには次の表現が便利です。

> **Can you check my English?**　　　　　　♪ 05
> 　　　　　　　　（私の英語をチェックしてもらえますか。）
> **Is this right?**　　　　　（これは正しいですか。）
> **Is this good English?**　　　（これは自然な英語ですか。）
> **Did I say that correctly?**　（今の言い方で正しかったですか。）
> **Was my pronunciation correct?**　（私の発音は合っていましたか。）
> **Did I pronounce your name correctly?**
> 　　　　　　（あなたのお名前の発音は合っていましたか。）

S 🎤 確認しながら
スピーキング 話を進める

　実際の会話では，相手の言ったことを100%理解するのは困難です。わかったふりをして話を進めるのではなく，重要な部分については，次のような表現でお互いの理解を確認しながら会話を進めるとよいでしょう。

・Did you say 〜?
（〜と言いましたか。）
Did you say you're from Hawaii?
（ハワイのご出身だと言いましたか。）
・〜, right? （〜ですね？）
So, you're coming to Japan in May with your parents, right?
（じゃあ，5月にご両親と日本に来るということですね。）
・Do you understand my English?
（私の英語，通じていますか。）

6 オンライン学習で使う表現

インターネットを活用したオンライン授業やオンライン英会話では，次のような表現が使えると便利です。

Can you hear me? （私の声が聞こえますか。）

Can you see this? （これが見えますか。）

Sorry, I can't hear you. （すみません，あなたの声が聞こえません。）

Sorry, I can't hear you clearly.
（すみません，あなたの声がよく聞こえません。）

The sound is choppy. （音が途切れます。）

My Internet connection is not good today.
（今日はインターネットの接続が良くないです。）

Can I turn off the video? （カメラを切ってもいいですか。）

S スピーキング 🎤 もう一度言ってください

Can you say that again? は気軽でフレンドリーなお願いのしかたです。よりていねいにお願いしたいときはCould you say that again, please? と言いましょう。

☑ チェック問題

次の [　　] 内の語を並べかえましょう。

(1) 英語で「いただきます」って何て言うんですか。
[English / "itadakimasu" / you / how / say / do / in]?

_____

(2) "ASAP"ってどういう意味ですか。
["ASAP" / does / what / mean]?

_____

(3) あなたのお名前はどうつづるのですか。
[your / name / do / you / how / spell]?

_____

(4) mustとhave toのちがいは何ですか。
["must" / what's / and / the / difference / between]
"have to?"

_____ "have to?"

解答

(1) How do you say "itadakimasu" in English?

(2) What does "ASAP" mean?

(3) How do you spell your name?

(4) What's the difference between "must" and

2 会話表現

会話で使われる決まった表現

> ここで **学習** すること
>
> 言葉がすぐに出てこないときに役立つ「ええと…」などのつなぎ言葉，相手の言ったことに対するあいづちなどの決まった言い方を学習します。

1 つなぎの言葉

話している途中で，次に言うべき言葉がすぐに出てこないときには次のように言います。日本語の**「ええと…」**に近い言葉です。

Let's see.	（ええと。／そうねえ。）	♪07
Let me see.	（ええと。／そうですね。）	

2 あいづち

相手の言ったことに反応したり，相手の話を理解したことを示したりするときには次のように言います。

Really?	（本当？）	I see.	（わかった。／なるほど。） ♪08

3 同意を示す

相手の言ったことに賛成であることを示したり，相手の言ったことを「そのとおりです。」と認めたりするときには次のように言います。

I agree.	（同意します。／そう思います。）	♪09
That's right.	（そのとおり。）	
You're right.	（あなたは正しい。／あなたの言うとおり。）	

言葉が思い浮かばないときなどは，沈黙しないでつなぎ言葉を活用しよう。

S 🎤 いろいろなあいづち
スピーキング

あいづちとして，左にあげた以外に次のような表現も使われます。
・Uh-huh.（ふーん。）
・Oh yeah?（そうなの？）
・Are you sure?
　（確かなの？／本当に？）

197

4 誘うときの言い方

「(いっしょに) ～しませんか」と誘うときは，次のような言い方が使われます。

Let's ～.	(～しよう。)	♪ 10
How about ～ing?	(～するのはどう？)	
Do you want to ～?	(～したいですか→～しませんか)	
Would you like to ～?	(～したいですか→～しませんか〈ていねい〉)	

また，**Why don't we ～?** という言い方も使われます。

Why don't we ～? は，文字通りには「なぜ私たちは～しないのですか」という意味ですが，「(いっしょに) ～しませんか。」という意味でよく使われます。

Kenji: Why don't we go to the movies tomorrow? ♪ 11
Lisa: Sounds great.
Kenji: Can you come to the station at two?
Lisa: Well … Sorry, I have tennis practice until 2:30.
Kenji: I see. How about three?
Lisa: OK. No problem.

〈会話の意味〉
健二：明日いっしょに映画に行かない？
リサ：いいわね。
健二：駅に2時に来られる？
リサ：うーん。ごめん，2時半までテニスの練習があるの。
健二：わかった。3時はどう？
リサ：うん。問題ないわ。

くわしく Why don't you ～?

Why don't you ～? は文字通りには「なぜあなたは～しないのですか。」という意味ですが，「～したらどうですか。」のように相手に何かをすすめたり，アドバイスしたりするときに使われます。
・Why don't you ask him?
 (彼に聞いてみたらどう？)

S スピーキング 調子をたずねる表現

このほかに，会話で使われるいろいろな表現を覚えておきましょう。
・What's wrong?
 (どうかしたの？ / 何かあったの？)
・What's the matter?
 (どうかしたの？ / 何か問題が起きたの？)
・What's up?
 (どうしたの？ / 元気？)

5 電話をかける

This is ～.（こちらは～です。）などの決まった表現が使われます。

> *Ken* : Hello?
> *Ann* : Hello.　This is Ann.
> 　　　　Can I speak to Ken, please?
> *Ken* : Oh, hi, Ann.　It's me.　What's up?
> ♪ 12

〈会話の意味〉

健　　：もしもし。
アン：もしもし。こちらはアンです。健さんをお願いします。
健　　：やあ，こんにちは，アン。ぼくだよ。どうしたの？

6 買い物の会話

買い物で使われる決まった表現をチェックしましょう。

> *Clerk* : Can I help you?
> *Ann* : 　Yes, please.　I'm looking for a T-shirt.
> *Clerk* : What color are you looking for?
> *Ann* : 　Something bright.
> ♪ 13
>
> *Ann* : 　Please show me that orange one.
> *Clerk* : Here you are.
> *Ann* : 　This is too small for me.　Do you have a bigger one?
> *Clerk* : How about this one?

〈会話の意味〉

店員：いらっしゃいませ。
アン：はい。Tシャツをさがしています。
店員：どんな色をおさがしですか。
アン：明るい色がいいです。

アン：あのオレンジ色のを見せてください。
店員：はい，どうぞ。
アン：これは私には小さすぎます。もっと大きいのはありますか。
店員：こちらはいかがですか。

S スピーキング 🎤 名乗る言い方

電話で自分の名前を名乗るときには，I'm ～.ではなく，This is ～.（こちらは～です）という表現を使うほうがふつうです。

くわしく ▶ Can I speak to ～?

話したい人に取りついでもらうときは，「～と話してもいいですか」という意味のCan[May] I speak to ～?がよく使われます。

参考 「お待ちください。」

電話で「少々お待ちください」はPlease hold on. / Just a moment, please.などと言います。

S スピーキング 🎤 Can I help you?

Can I help you?またはMay I help you?は「お手伝いしてもよろしいですか。」という意味ですが，店員が客に対して「(何か品物をおさがしでしたら）手伝いましょうか。」と声をかけるときに使われる表現です。

　買い物の会話（ファストフード店）

　ファストフード店では，**For here or to go?**（店内でお召しあがりですか，お持ち帰りですか。）などの決まった表現が使われます。

　Kenji : Two hamburgers and French fries, please.　♪ 14
　Clerk : Sure.　For here or to go?
　Kenji : For here.
　Clerk : Would you like any drinks?
　Kenji : One orange juice, please.
　Clerk : Large or small?
　Kenji : Large, please.
　Clerk : Here you are.　Four fifty, please.
　Kenji : Here's five.
　Clerk : OK.　Here's your change.　Thank you.

〈会話の意味〉
　健二：ハンバーガーを2つとフライドポテトをください。
　店員：はい。店内でお召しあがりですか，お持ち帰りですか。
　健二：店内です。
　店員：何かお飲み物はいかがですか。
　健二：オレンジジュースを1つください。
　店員：Lサイズですか，Sサイズですか。
　健二：Lサイズをお願いします。
　店員：（商品を渡して）はい，どうぞ。4ドル50セントです。
　健二：（お金を渡して）5ドルです。
　店員：はい。（お釣りを渡して）お釣りです。ありがとうございました。

▶くわしく **Here you are.**

　「はい，どうぞ。」の意味で，物を手渡すときに使われます。

■ 参考 **ドルの金額の表記と言い方**

　「4ドル50セント」は，メニューや値札では**$4.50**のように書かれます。four dollars fifty cents と読みますが，単に four fifty とだけ言うことが多いです。

▶くわしく **Here's 〜.**

　Here's 〜.は「はい，〜です」のように物を手渡すときの表現です。

8 バス・電車などに関する会話

交通機関を利用するときの会話です。takeの使い方に慣れましょう。

♪15

Yuko : Excuse me.　Which bus goes to the station?
Man : Oh, take Bus No. 4.
Yuko : Where can I take it?
Man : It's over there.

〈会話の意味〉

裕子：すみません。どのバスが駅に行きますか。
男性：ええと，4番バスに乗ってください。
裕子：どこで乗れますか？
男性：あそこですよ。

♪16

Yuko : One ticket to Chicago, please.
Clerk : One-way or round-trip?
Yuko : One-way, please.

Yuko : Does this train go to Chicago?
Clerk : No.　Take the train on Track 3.
Yuko : How long does it take?
Clerk : About an hour.

〈会話の意味〉

裕子：シカゴまで切符1枚お願いします。
係員：片道ですか，往復ですか。
裕子：片道をお願いします。

裕子：この電車はシカゴに行きますか。
係員：いいえ。3番線の電車に乗ってください。
裕子：（シカゴまで）どのくらいかかりますか？
係員：1時間くらいです。

くわしく　takeのいろいろな使い方

take は「（乗り物に）乗る」という意味で幅広く使われます。

・take a bus （バスに乗る）
・take a train （電車に乗る）
・take a subway （地下鉄に乗る）
・take a taxi （タクシーに乗る）

また，take には「（時間が）かかる」という意味もあります。この場合，it を主語にしてよく使われます。

・How long does it take to get to the station?
（駅に行くにはどのくらい時間がかかりますか。）
— It takes fifteen minutes.
（15分かかります。）

S　バス・電車の
スピーキング　いろいろな会話

このほかに，次の言い方も覚えておきましょう。

・Could you tell me how I can get to ～?
（～への行き方を教えていただけますか。）
・Where should I get off?
（どこで降りればいいですか。）
・Get off at the second stop.
（2つ目の駅［バス停］で降りてください。）
・Take the Chuo Line to Shinjuku and change to the Yamanote Line.
（新宿まで中央線に乗って山手線に乗り換えてください。）

Where do you want to go?（どこに行きたい？）

現在完了形（経験）

「（今までに）〜したことがある」と言うときの文

基本例文

I've visited Hawaii twice.

♪17

（私は2回ハワイを訪れたことがあります。）

ここで
学習
すること

〈have＋過去分詞〉で「〜したことがある」という意味を表します。

過去の文　I 　　　visited Hawaii last year.　（私は去年, ハワイ）
　　　　　　　　　　　　　　　　　　　　　　　を訪れました。

↓〈have＋過去分詞〉

現在完了形の文　**I have visited Hawaii.**　（私はハワイを訪れたことがあります。）

1　「〜したことがある」の文

　〈have＋過去分詞〉の形を現在完了形といいます（主語が3人称単数のときはhaveの代わりに**has**を使います）。現在完了形は,「（今までに）〜したことがある」という意味で, 過去から現在までの経験を表すことがあります。

　経験を表す現在完了形は, before（以前に）, once（1回）, twice（2回）, 〜 times（〜回）などの語句といっしょによく使われます。

I have climbed Mt. Fuji before.　♪18
　　　　　　　（私は以前, 富士山に登ったことがあります。）
I've seen this movie twice.
　　　　　　　（私は2回, この映画を見たことがあります。）
Aki has visited Okinawa many times.
　　　　　　　（アキは何度も沖縄を訪れたことがあります。）

✔確認　**過去分詞**

　大部分の動詞は過去形と同じ形ですが, 過去形と異なる不規則動詞もあります（→p.176）。

♪くわしく　**現在完了形は現在形**

　現在完了形は現在形の一種で,「（現在までに）〜したことがある」などの現在の状態を表します。そのため, yesterday（昨日）やlast year（去年）などの過去の一時点について言うときは使えません。

・I saw him yesterday.
　（私は昨日, 彼に会いました。〈過去形〉）
・I have seen him once.
　（私は, 彼に一度会ったことがあります。〈現在完了形〉）

〈have[has] been to 〜〉で「〜へ行ったことがある」という意味を表します。

I have been to Australia twice. ♪19

（私は，オーストラリアには2回行ったことがあります。）

2 「経験」の否定文

「一度も〜したことがない」という「経験」の否定文は，ふつう **never** を have[has] のあとにおいて表します。never の代わりに not を使うこともあります。

I've never seen this movie. ♪20

（私は一度もこの映画を見たことがありません。）

Jim has never visited Hawaii.

（ジムは一度もハワイを訪れたことがありません。）

3 「経験」の疑問文と答え方

疑問文は have[has] を主語の前に出します。「（今までに）〜したことがありますか」という意味を表します。疑問文には Yes, 〜 have[has].または No, 〜 haven't[hasn't].で答えます。

Have you ever seen this movie? ♪21

（あなたは今までにこの映画を見たことがありますか。）

— Yes, I have. （はい，あります。）

— No, I haven't. （いいえ，ありません。）

Has Jim ever visited Hawaii?

（ジムは今までにハワイを訪れたことがありますか。）

— Yes, he has. （はい，あります。）

— No, he hasn't. （いいえ，ありません。）

くわしく **have[has]の短縮形**

〈主語＋have[has]〉の短縮形もよく使われます。

・I have → I've
・we have → we've
・you have → you've
・they have → they've
・he has → he's
・she has → she's

くわしく **have[has] been to 〜**

been は be の過去分詞。あとに abroad（海外に）などの副詞がくるときは to は使いません。

・I have never been abroad.

（私は海外に行ったことがありません。）

くわしく **never と ever**

never は「一度も〜ない」という意味。not と同じように否定の意味を表します。

ever は「今までに」の意味で，経験をたずねる疑問文でよく使われます。

参考 **回数をたずねる文**

How many times 〜? の形の現在完了形の疑問文で，経験した回数をたずねることができます。

・How many times have you visited Hawaii?

（あなたは何回ハワイを訪れたことがありますか。）

現在完了形（完了）

「～したところだ」「～してしまっている」と言うときの文

♪22

I **have** already **finished** my homework.

（私はもう宿題を終えてしまいました。）

ここで
学習
すること

〈have＋過去分詞〉で「～したところだ」「～してしまっている」という意味を表します。

過去の文 　　I 　　finished my homework before dinner.

↓〈have＋過去分詞〉 　　　（私は夕食前に宿題を終えました。）

現在完了形の文 　I have finished my homework.

（私は宿題を終えてしまいました。）

1　「～したところだ」「～してしまっている」の文

〈have[has]＋過去分詞〉の現在完了形は，「～したところだ」「～してしまっている」という意味で，動作や状態が完了していることを表すことがあります。

「完了」を表す現在完了形では，just（ちょうど）やalready（すでに，もう）がよくいっしょに使われます。

I have already read this book. 　　　♪23
（私はすでにこの本を読んでしまいました。）

We have just arrived at the airport.
（私たちはちょうど空港に着いたところです。）

The movie has already started.
（映画はすでに始まってしまいました。）

Yuka has just left home. 　（ユカはちょうど家を出たところです。）

くわしく 「完了」でよく
使われる動詞

「完了」を表す現在完了形では，次の動詞がよく使われます。

finish （～を終える）

leave （去る）

arrive （着く）

do （する）

・They have done a lot of work.

（彼らはたくさんの仕事をしました。）

2 「完了」の否定文

「（まだ）～していません」という「完了」の否定文は, have [has] のあとにnotをおいて表します。「完了」の否定文ではyet（まだ）がよくいっしょに使われます。

I haven't finished my homework yet. ♪24
　　　　　　　　　　　　　（私はまだ宿題を終えていません。）

The movie has not started yet.
　　　　　　　　　　　　　（映画はまだ始まっていません。）

3 「完了」の疑問文と答え方

疑問文はhave [has] を主語の前に出します。「（もう）～してしまいましたか」という意味を表します。「完了」の疑問文ではyet（もう）がよくいっしょに使われます。

疑問文にはYes, ～ have [has].またはNo, ～ haven't [hasn't].で答えます。

Have you finished your homework yet? ♪25
　　　　　　　　　　　（あなたはもう宿題を終えてしまいましたか。）

— Yes, I have.　　　　　　　（はい，終えました。）
— No, I haven't. / Not yet. （いいえ，終えていません。/ まだです。）

Has Mike arrived yet?　（マイクはもう到着してしまいましたか。）
— Yes, he has.　　　　　　（はい，到着しました。）
— No, he hasn't. / Not yet. （いいえ，到着していません。/ まだです。）

13章／その他の学習事項

くわしく ━ 否定の短縮形

have not → haven't
has not → hasn't

くわしく ━ yet

否定文では「まだ」，疑問文では「もう」という意味になります。どちらも文末で使います。
・I haven't had lunch yet.
（私はまだ昼食を食べていません。）
・Have you had lunch yet?
（あなたはもう昼食は食べてしまいましたか。）

205

5 現在完了形（継続）

「（ずっと）〜している」と言うときの文

〈基本例文〉

♪26

I **have lived** in Japan since 2010.

（私は2010年からずっと日本に住んでいます。）

> ここで
> **学習**
> すること

〈have＋過去分詞〉で「（ずっと）〜している」という意味を表します。

| 過去の文 | I　　　lived in Japan in 2010. |

（私は2010年に日本に住んでいました。）

↓ 〈have＋過去分詞〉

| 現在完了形の文 | I have lived in Japan since 2010. |

（私は2010年から〈今までずっと〉日本に住んでいます。）

1 「（ずっと）〜している」の文

〈have[has]＋過去分詞〉の現在完了形は，「（今までずっと）〜している」という意味で，過去から現在までの継続を表すことがあります。

「継続」を表す現在完了形では，期間を表すfor 〜（〜の間）やsince〜（〜から，〜以来）がよくいっしょに使われます。

Kenta has lived in Australia for two years.　♪27

（健太は2年間ずっとオーストラリアに住んでいます。）

be動詞の過去分詞beenを使って〈have[has] been 〜〉とすると，「（ずっと）〜にいる」，「（ずっと）〜である」の意味になります。

I have been here since this morning.　♪28

（私は今朝からずっとここにいます。）

We've been busy all day.　（私たちは1日じゅうずっと忙しいです。）

◆くわしく 過去を表す語句

現在完了形の文ではlast week（先週）のような過去の一時点について言うことはできませんが，sinceで「〜から」と言うときは，sinceのあとに過去を表す語句を使います。

・I have been busy since last week.

（私は先週からずっと忙しい。）

206

2 「継続」の疑問文と答え方

疑問文はhave[has]を主語の前に出します。「（ずっと）～していますか」という意味を表します。

疑問文にはYes, ～ have[has].またはNo, ～ haven't[hasn't].で答えます。

> Have you worked here since then? ♪29
> （あなたはそのときからずっとここで働いているのですか。）
>
> — Yes, I have. （はい，働いています。）
> — No, I haven't. （いいえ，働いていません。）
>
> ⋯⋯⋯⋯⋯⋯⋯⋯⋯⋯⋯⋯⋯⋯⋯⋯⋯⋯⋯⋯⋯⋯⋯⋯⋯⋯
>
> Has Jim lived in Japan for a long time?
> （ジムは長い間日本に住んでいるのですか。）
>
> — Yes, he has. （はい，住んでいます。）
> — No, he hasn't. （いいえ，住んでいません。）

3 「継続」の期間をたずねる疑問文

「どのくらいの間～していますか」のように今までの継続の期間をたずねるときは，How longで始まる現在完了形の疑問文にします。

> How long have you lived here? ♪30
> （あなたはどのくらいの間ここに住んでいるのですか。）
>
> — I have lived here for 30 years.
> （私はここに30年間住んでいます。）
>
> ⋯⋯⋯⋯⋯⋯⋯⋯⋯⋯⋯⋯⋯⋯⋯⋯⋯⋯⋯⋯⋯⋯⋯⋯⋯⋯
>
> How long have you been busy?
> （あなたはどのくらいの間忙しいのですか。）
>
> — I've been busy since last weekend.
> （私はこの前の週末からずっと忙しいです。）

発展 現在完了進行形

「継続」を表す現在完了形は，おもにbeenやlived, workedなどの過去分詞とともに「状態」や「習慣」が続いていることを表すときに使います。

これに対して，ある「動作」が過去から現在までずっと継続していることを表すときには，〈have[has]＋been＋～ing形〉の現在完了進行形という形を使います。

・I've been waiting for him since this morning.
（私は今朝からずっと彼を待っています。）

・He has been watching TV for more than six hours.
（彼は6時間以上もずっとテレビを見ています。）

13章／その他の学習事項

How long have I been like this?
（いつからこうしているんだっけ…）

否定表現

否定 表現 — not 以外の否定表現

♪31

I have **no** money.

（私はお金を〈少しも〉持っていません。）

ここで
学 習
すること

notを使わずに，no, never, nothingなどを使って否定の内容を表すことがあります。動詞は肯定文で使う形のままです。

I have <u>no</u> money.　（私はお金を〈少しも〉持っていません。）

「少しも〜ない」…否定の内容を表す

1 notを使わない否定表現

　否定文ではふつうnotを使いますが，否定語のno, never, nothingなどを使っても否定の内容を表すことができます。

2 no＋名詞

名詞の前に**no**をおくと，「1つも…ない」の意味を表します。

I have no sisters.　　（私には姉妹が1人もいません。）♪32
We have no classes this afternoon.
　　　　　　　　　（今日の午後は授業が1つもありません。）

3 never

neverは「決して〜ない」という意味で，強い否定を表すときに使います。

くわしく — not any 〜

〈no＋名詞〉は not any 〜 と同じ内容を表します。
・I have no sisters.
→I don't have any sisters.

くわしく — noに続く名詞の形

noのあとの名詞は，単数形の場合も，複数形の場合もあります。数えられる名詞のときは，複数形が用いられることが多いです。
・There are no trees in this park.
（この公園には木が1本もありません。）

He is never late for school. (彼は決して学校に遅れません。) ♪ 33
Emi never eats *natto*.　　　(絵美は決して納豆を食べません。)

4　**nothing**

nothingは代名詞で「何も～ない」という意味を表します。主語や目的語になり，notがなくても否定の意味を表します。

He said nothing.　　　　(彼は何も言いませんでした。) ♪ 34

5　**few, little**

fewと**little**は前にaがつかないと，「ほとんど～ない」という否定的な意味を表します。

Tom has few friends in Japan. ♪ 35
　　　　　　　(トムは日本に友達がほとんどいません。)
There is little milk in the glass.
　　　　　　　(コップにはほとんど牛乳がありません。)

> **参考**　**a few, a little**
>
> 　数えられる名詞にはfewを，数えられない名詞にはlittleを使います。
>
> 　a fewとa littleは「少しはある」という意味になります。
>
> ・Tom has a few friends in Japan.
> 　(トムは日本に友達が数人います。)
> ・There is a little milk in the glass.
> 　(コップには牛乳が少しあります。)

☑チェック問題

次の＿＿に適する語を入れましょう。

(1) 彼は決してテレビを見ません。

　　He ＿＿＿＿ watches TV.

(2) 私は英語の本を1冊も持っていません。

　　I have ＿＿＿＿ English books.

(3) 私は飲むものを何も持っていません。

　　I have ＿＿＿＿ to drink.

　　　　　解答

(1)　never

(2)　no

(3)　nothing

209

付加疑問

「ですよね？」などの確認の表現

基本例文

Jim is from Canada, **isn't he?**

（ジムはカナダの出身ですよね？）

ふつうの文の最後に2語の疑問形をつける付加疑問という形があります。念を押したり，同意を求めたりするときに使います。

Jim is from Canada, isn't he?　　　　　（ジムはカナダの出身ですよね？）

↑ 動詞の否定の短縮形＋代名詞

　ふつうの文の最後に2語の疑問形をつける付加疑問という形があります。「**ですよね？**」のように念を押したり，同意を求めたりするときに使われます。

　2語は〈前の動詞の否定の短縮形＋主語をさす代名詞〉の形です。

　be動詞の文では，aren't you?やisn't he?のように，主語に合わせたbe動詞を使います。

文の動詞	付加疑問
are	aren't＋代名詞？
is	isn't＋代名詞？

♪ 37

You are good at math, aren't you?（あなたは数学が得意ですよね。）
Emi is really kind, isn't she?　　　（絵美は本当に親切ですよね。）

　一般動詞の文では動詞の代わりにdo, does, didを使い，don't you?やdidn't you?などの形になります。

S スピーキング　付加疑問の言い方

　付加疑問は最後を下げ調子で読むと，念を押したり，自分の意見に同意を求めたりする意味合いになります。また，最後を上げ調子で読むと，相手にYesかNoかの答えを求めている感じが強くなります。

くわしく　付加疑問の代名詞

　付加疑問では，he, she, it, theyなどの人称代名詞を使います。Mr. Suzuki→he, my friends→theyのように1語の代名詞で表します。

発展　否定文の付加疑問

　否定文の付加疑問は肯定の形にします。

・**You are not good at math, are you?**

（あなたは数学が得意ではありませんよね。）

文の動詞	付加疑問
play など現在形（3人称単数以外）	don't ＋代名詞？
plays など3単現	doesn't ＋代名詞？
played など過去形	didn't ＋代名詞？

♪ 38

You play tennis, **don't you?** （あなたはテニスをしますよね。）
You played tennis, **didn't you?** （あなたはテニスをしましたよね。）

He lives in Tokyo, **doesn't he?** （彼は東京に住んでいますよね。）
He lived in Tokyo, **didn't he?** （彼は東京に住んでいましたよね。）

発展　**助動詞の付加疑問**

　助動詞の文の付加疑問は，助動詞の否定形にします。

・He can speak Japanese, can't he?
　（彼は日本語が話せますよね。）

☑チェック問題

次の＿＿に適する語を入れましょう。

(1) これはあなたの本ですよね。

This is your book, ＿＿＿＿＿ it?

(2) あなたのお父さんは英語を話しますよね。

Your father speaks English, ＿＿＿＿＿ ＿＿＿＿＿?

(3) 昨日は寒かったですよね。

It was cold yesterday, ＿＿＿＿＿ ＿＿＿＿＿?

(4) 加藤先生は朝食を食べましたよね。

Mr. Kato had breakfast, ＿＿＿＿＿ ＿＿＿＿＿?

解答

(1) isn't

(2) doesn't, he

(3) wasn't, it

(4) didn't, he

13章／その他の学習事項

間接疑問文

疑問詞で始まる疑問文が別の文に入る形

基本例文

I don't know **when the school festival is.**

（私は学校祭がいつなのか知りません。）

ここで
学 習
すること

疑問詞で始まる疑問文が別の文に入ると，疑問詞のあとの語順が変わります。

疑問文 **When is the school festival?** （学校祭はいつですか。）

間接疑問文 **I don't know when the school festival is.**

〈疑問詞＋主語＋動詞〉の語順になる　　（私は学校祭がいつなのか知りません。）

1　間接疑問文とは

what, how, when, whereなどの疑問詞で始まる疑問文が，別の文の一部となった形を間接疑問文といいます。

間接疑問文では，疑問詞のあとはふつうの文と同じように〈主語＋動詞〉の語順になります。

Where is ～?, When is ～?などのbe動詞の疑問文の場合は，be動詞が文末にくる形になります。

Where is the station?　　（駅はどこですか。）　　♪ 40
I don't know where the station is.

（私は駅がどこにあるか知りません。）

When is her birthday?　　（彼女の誕生日はいつですか。）
Do you know when her birthday is?

（あなたは彼女の誕生日がいつか知っていますか。）

2 いろいろな間接疑問文

一般動詞の疑問文の場合は〈疑問詞＋主語＋一般動詞〉の語順になります。疑問文をつくるdo, does, didは使わず，疑問詞のあとの動詞は，必要に応じて過去形や3人称単数・現在形になります。また，語順もふつうの文と同じになることに注意してください。

参考 進行形の間接疑問文

進行形の間接疑問文は〈疑問詞＋主語＋be動詞＋ing形〉の語順になります。
・Do you know what she is doing?
（あなたは彼女が何をしているのか知っていますか。）

What do you want? （あなたは何がほしいですか。） ♪41
I don't know what you want.
（私はあなたが何がほしいか知りません。）

Where does he live? （彼はどこに住んでいますか。）
Do you know where he lives?
（あなたは彼がどこに住んでいるのか知っていますか。）

Who made this? （だれがこれを作ったのですか。） ♪42
I don't know who made this.
（私はだれがこれを作ったのか知りません。）

「だれが〜しますか」のように疑問詞が主語になる疑問文は，〈疑問詞＋動詞〉の語順のまま変わりません。

☑チェック問題

次の［　］内の語句を並べかえましょう。

(1) あなたはそのパーティーがいつか知っていますか。
Do you know [the party / is / when]?
Do you know ＿＿＿＿＿＿＿＿＿＿＿＿＿＿＿＿＿＿?

(2) 私は図書館がどこにあるか知りません。
I don't know [the library / is / where].
I don't know ＿＿＿＿＿＿＿＿＿＿＿＿＿＿＿＿.

(3) 私はだれがこの本を書いたのか知っています。
I know [this book / wrote / who].
I know ＿＿＿＿＿＿＿＿＿＿＿＿＿＿＿＿＿.

解答

(1) when the party is

(2) where the library is

(3) who wrote this book

13章／その他の学習事項

9 驚きを表す文

「なんと〜なのでしょう」と感嘆や驚きを表す文

♪ 43

基本例文

How beautiful!

（なんと美しいのでしょう。）

ここで
学習
すること

「なんと〜でしょう」と感嘆や驚きを表すときは，How 〜! や What 〜! を使います。

| How 〜! | **How beautiful!** | （なんと美しいのでしょう。） |
| What 〜! | **What a beautiful flower!** | （なんと美しい花でしょう。） |

1 感嘆文とは

「なんと〜でしょう」のように，感嘆や驚きを表す文を「感嘆文」といいます。How 〜! と What 〜! の形があります。

2 How 〜!の感嘆文

「なんと大きいのでしょう。」のように驚きなどを表すときは，howを使って**How big!**と言います。howのあとには形容詞がきます。

感嘆文の終わりには，感嘆符（**!**）をつけます。

How tall!	（なんと背が高いのでしょう。）	♪ 44
How exciting!	（なんとおもしろいのでしょう。）	
How strange!	（なんと奇妙なのでしょう。）	

発展 **「主語＋動詞」のある感嘆文**

How 〜!の感嘆文は，本来は形容詞のあとに主語と動詞が続きますが，省略されています。話し言葉では，この省略された形がよく使われます。

・How tall <u>he is</u>!
（彼はなんと背が高いのでしょう。）

・How exciting <u>this game is</u>!
（この試合はなんとおもしろいのでしょう。）

発展 **How＋副詞!の感嘆文**

How 〜!の感嘆文では，あとに副詞がくることもあります。

・How fast!
（なんと速いのでしょう。）

3 What 〜!の感嘆文

「なんと大きい犬でしょう。」のように驚きなどを表すときは,Whatを使って**What a big dog!**と言います。

Whatのあとには「a[an]＋形容詞＋名詞」がきます。

♪ 45

What a smart dog!	（なんとかしこい犬なのでしょう。）
What an exciting game!	（なんとおもしろい試合なのでしょう。）

発展 「主語＋動詞」のある What 〜!の文

What 〜!の感嘆文は, How 〜!の場合と同じように, 本来は「形容詞＋名詞」のあとに主語と動詞が続きますが, 省略されています。話し言葉では, この省略された形がよく使われます。

・What a good boy <u>he is</u>!
（彼はなんといい子なのでしょう。）

・What an exciting game <u>this is</u>!
（これはなんとおもしろい試合なのでしょう。）

13章／その他の学習事項

☑ チェック問題

次の＿＿に適する語を入れましょう。

(1) なんと寒いのでしょう。

　　＿＿＿＿＿＿ cold!

(2) なんと難しい質問でしょう。

　　＿＿＿＿＿＿ a difficult question!

(3) なんと古い家なのでしょう。

　　＿＿＿＿＿＿ an ＿＿＿＿＿＿ house!

解答

(1) How

(2) What

(3) What, old

中学生のための
勉強・学校生活アドバイス

学年末テスト・実力テストに強くなれ

「中学2年もあと2か月でendか。残りの期間に many times 遊ぼうぜ～！」

「学年末テストが終わってからな。あ～あ、範囲（けんい）が広すぎてテスト勉強しきれないよ！」

「そうそう。範囲が広すぎるからスタディしても無駄（むだ）なんだよ。遊ぼうぜ！」

「高校入試はもっと範囲が広いわよ。」

「先生～、嫌（いや）なこと言わないでくださいよ…。」

「学年末テストを"範囲が広くて嫌だ"と思うんじゃなくて、"高校入試の練習になる"とポジティブに考えてほしいのよ。来年受ける高校入試は、中学3年分が出題範囲よね。中2の学年末テストは1年分。良い予行演習になるじゃない？」

「でも、範囲が広いときってどう対策したらいいか…。」

「まず、定期テストを返却（へんきゃく）されたときにきちんと解き直しするのが大切よ。特に、間違（まちが）

えた問題は復習のときに理解すること。」

「解き直し、やりましたよ。じゃあ、これでOKですね！」

「学年末テストの前に、もう一度今までの定期テストを振（ふ）り返ってほしいの。テストは、学習した内容のいちばん重要なものをギュッとまとめたものよ。だから、定期テストを復習するのがいちばん効率が良いわ。」

「オーノー！　今までのテストは say goodbye してしまった…。」

「俺（おれ）は念のため捨てずに取っておきました！洸士郎にも貸してやるよ。」

「それは良かった。学年末テストのことだけじゃなく、英語は言語として生活で使っていくものよね。実践（じっせん）場面に"テスト範囲"なんてものはないわ。だからこそ、勉強した内容をまんべんなく身につけてほしいの。それが本当の"英語を使う力"になるのよ。」

> 同じ間違いをするのはくやしい。

14章

品詞の整理

1 ［復習と整理］名詞

物や人の名前を表す語

- ・名詞は，ものや人の名前を表す語です。
- ・中1で習ったように，複数のときは，ふつう名詞にsをつけて複数形にします。
- ・waterのように数えられない名詞もあるので注意しましょう。数えられない名詞は複数形にしません。

名詞は，ものや人の名前を表す語です。

例	cat (ねこ)	book (本)	water (水)
	music (音楽)	Japan (日本)	Tom (トム)	など

名詞は，two catsのように複数のときにはsがつきます。ただし数えられる名詞（可算名詞）と数えられない名詞（不可算名詞）があるので注意しましょう。

「数えられない名詞」は複数形にしません。また，aやanもつけません。

数えられない名詞の例	
地名・人名などの固有名詞 ×a Japanや×Japansとしない	Japan (日本)，Tokyo (東京) Ken (ケン)
言語・教科・スポーツ名 ×a musicや×musicsとしない	Japanese (日本語)，English (英語)，math (数学)，music (音楽) tennis (テニス)，baseball (野球)
液体や素材・材料名など ×a waterや×watersとしない	water (水)，milk (牛乳) tea (お茶)，coffee (コーヒー) juice (ジュース)，paper (紙)
その他，数えられない名詞 ×a moneyや×moneysとしない	money (お金)，time (時間) work (仕事)，homework (宿題)

R リーディング **辞典での表記**

英和辞典によっては名詞に [C] [U] のようなマークがついていることがあります。[C] は数えられる名詞 (countable noun)，[U] は数えられない名詞 (uncountable noun) を表しています。

くわしく a glass of ～など

water (水) などの液体や，paperなどの素材・材料を表す名詞の量を具体的に言うときは，容器などの単位を使って表します。
- ・a glass of water
（コップ1杯の水）
  - →two glasses of water
（コップ2杯の水）
- ・a cup of tea（カップ1杯のお茶）
- ・a piece of paper（1枚の紙）

テストで注意 ×homeworksとしない

money (お金) やhomework (宿題) は数えられない名詞です。複数形にしないようにしましょう。
「たくさんの宿題」
○a lot of homework
×a lot of *homeworks*

2 ［復習と整理］代名詞

いろいろな代名詞の使い方

ここで 学 習 すること	・代名詞は，名詞の代わりに使われる語です。

・代名詞は，名詞の代わりに使われる語です。
・mine などの所有代名詞は1語で「〜のもの」という意味を表します。
・something や someone のように「何か」「だれか」などを表す代名詞があります。
・代名詞の one は，前に出た名詞のくり返しをさけるために使われます。

1 基本的な代名詞

代名詞は，名詞の代わりに使われる語です。
次の7つの代名詞は人称代名詞と呼ばれます。

I（私〈は〉）	you（あなた〈は〉） （あなたたち〈は〉）	he（彼〈は〉）	she（彼女〈は〉）
it（それ〈は〉）	we（私たち〈は〉）	they（彼ら・彼女ら・それら〈は〉）	

人称代名詞は，文中での働きによってI – my – me，he – his – him のように形が変化します。

次の代名詞は，ものを直接さすときに使われます（指示代名詞と呼ばれます）。

単数	this（これ）	that（あれ）
複数	these（これら）	those（あれら）

次の代名詞は，1語で（あとに名詞をともなわずに）「〜のもの」という意味を表します（所有代名詞と呼ばれます）。

mine（私のもの）	yours（あなたのもの） （あなたたちのもの）	his（彼のもの）
hers（彼女のもの）	ours（私たちのもの）	theirs（彼ら・彼女らのもの）

✔確認 人称代名詞の変化

「〜は」を表し，主語になる形を主格，「〜の」を表す形を所有格，「〜を，〜に」を表す形を目的格といいます。

主格	所有格	目的格
I	my	me
you	your	you
he	his	him
she	her	her
it	its	it
we	our	us
they	their	them

くわしく 人称代名詞と指示代名詞

it や they などの人称代名詞は基本的に「一度，話に出てきたもの」をさすのに対して，this や that などの指示代名詞は，ものを直接さすときに使います。

that は目に見えるものをさすときに使うだけでなく，That sounds great.（それはすばらしいですね。）のように「相手が今言ったこと」をさす場合もあります。

219

2　somethingなど

代名詞の**something**は「何か」という意味を表します。

物	人
something（何か）	someone, somebody（だれか）
anything（何か・何も）	anyone, anybody（だれか・だれも）
everything（何でも）	everyone, everybody（みんな）
nothing（何も〜ない）	no one, nobody（だれも〜ない）

something[someone, somebody]はふつう肯定文で使い、否定文・疑問文ではanything[anyone, anybody]を使います。

not 〜 anythingで「何も〜ない」という意味になります。

> ・He said something to me.　（彼は私に何か言いました。）
> ・He didn't say anything to me.
> 　＝He said nothing to me.　（彼は私に何も言いませんでした。）

3　代名詞のone

代名詞の**one**は前に出た名詞のくり返しをさけるために使われます。

itが前に出たものと同一のもの（特定のもの）をさすのに対して、oneは前に出た名詞と同じ種類のもの（不特定のもの）をさします。

> ・My bike is old.　I like it.
> （私の自転車は古いです。私はそれを気に入っています。）（it＝前の文の、自分のbike）
> ・My bike is old.　I want a new one.
> （私の自転車は古いです。私は新しいのがほしいです。）（one≠前の文の、自分のbike）

くわしく something＋形容詞

somethingやanythingを形容詞が修飾するときは、形容詞はsomethingやanythingのあとにおきます。

参考 everything, everyone

everythingやeveryoneは単数として扱います。
・Everything is great!（すべてのものがすばらしい！）

くわしく somethingの用法

おもに物をすすめるときなど、yesの答えを期待して言うときは疑問文でもsomethingを使います。
・Would you like something to drink?
（何か飲み物はいかがですか。）

参考 one's

辞書や単語集にdo one's homeworkのように書かれていることがあります。oneには「不特定の人」を表す働きもあり、このone'sはmyやyourなどの代わりに使われています。

くわしく itとone

左の上の文のitは、前の文の自分の古い自転車をさしています。それに対して下の文のoneは、前の文の自分の古い自転車をさしているのではなく、bikeという名詞をくり返す代わりに使われています。

3 ［復習と整理］動詞と5つの文型

動詞の働きによって，英語の文をパターンに分けて理解します。

<table>
<tr><td>ここで
学習
すること</td><td>・英語の文の骨組みは「主語」「動詞」「目的語」「補語」でできています。これらの組み合わせによって，英語の文は5つのパターンに整理できます。
・決まった動詞だけがSVC，SVOO，SVOCの文型をつくります。
・SVOOとSVOCの文型は，特に動詞のあとの語の働きに注意します。</td></tr>
</table>

1 主語＋動詞（SV）

主語（「～は」「～が」を表す語）と，目的語を持たない動詞でできている文です。

「主語（<u>s</u>ubject）」と「動詞（<u>v</u>erb）」の英語の頭文字をとって「SVの文」とも呼ばれます。

動詞のあとに修飾語句がついている場合があります。

例	Birds　fly.	（鳥は飛ぶ。）
	S　　　V	
	He　walks　fast.	（彼は速く歩きます。）
	S　　V　　修飾語	

❷のSVCの文とちがって補語はなく，また，❸のSVOの文とちがって目的語もありません。

2 主語＋動詞＋補語（SVC）

おもに次の動詞がつくる文型です。

be（～である）	look（～に見える）	become（～になる）
get（～になる）	sound（～に聞こえる）	taste（～の味がする）
feel（～に感じる）	smell（～のにおいがする）	

くわしく　修飾語句

副詞や前置詞句（前置詞で始まる語句）のように，動詞の補語でも目的語でもない語句は修飾語句と考えます。次の英文の下線部は修飾語句です。

・He walks <u>fast</u>.
（彼は速く歩きます。）
・I go <u>to school</u> <u>every day</u>.
（私は毎日学校に行きます。）
・I live <u>in Tokyo</u>.
（私は東京に住んでいます。）

発展　自動詞と他動詞

動詞のうち，あとに目的語を必要としない（目的語をとらない）ものを自動詞といい，あとに目的語を必要とする（目的語をとる）ものを他動詞といいます。goなどはおもに自動詞で，playなどは他動詞ですが，open（開く・開ける）のように1つの動詞で自動詞・他動詞両方の働きを持つものも多くあります。

動詞のあとに，主語を説明する「補語（complement）」があり，「主語＝補語」の関係になっています。

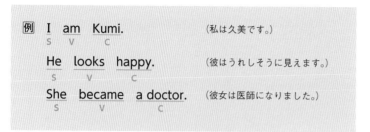

例
I	am	Kumi.	（私は久美です。）
S	V	C	
He	looks	happy.	（彼はうれしそうに見えます。）
S	V	C	
She	became	a doctor.	（彼女は医師になりました。）
S	V	C	

くわしく ▶ 補語とは

「A＝B」という関係が成り立つ文のBを補語といいます。主語を説明して，文の意味を「補う語」であることから，こう呼ばれます。

3 主語＋動詞＋目的語（SVO）

多くの一般動詞がつくる文型で，主語・動詞と，その動詞の目的語（object）でできている文です。

動詞の目的語とは「～を」「～に」にあたる語で，一般動詞のすぐあとにおかれて動作の対象を表します。

目的語は，ふつうは名詞か代名詞ですが，〈to＋動詞の原形〉や動名詞がくることもあります。

くわしく ▶ 目的語とは

I play tennis.（私はテニスをします。）のtennisや，I met him.（私は彼に会いました。）のhimのように，動詞のあとにきて「～を」「～に」という意味を表す語句のことを，動詞の目的語（object）と言います。（→p.117）

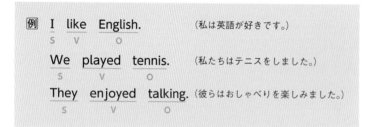

例
I	like	English.	（私は英語が好きです。）
S	V	O	
We	played	tennis.	（私たちはテニスをしました。）
S	V	O	
They	enjoyed	talking.	（彼らはおしゃべりを楽しみました。）
S	V	O	

4 主語＋動詞＋目的語＋目的語（SVOO）

おもに次の動詞がつくる文型です。

give（与える）	send（送る）	tell（伝える）
show（見せる）	teach（教える）	ask（たずねる）

「AにBをあげる」「AにBを送る」「AにBを伝える」などと言う

発展 SVOOをつくる動詞

次の動詞もSVOOの文型をつくります。
・lend A B … AにBを貸す
・make A B … AにBを作る
・buy A B … AにBを買う
・pass A B … AにBを手渡す

ときの文型で，主語・動詞と2つの目的語でできています。

目的語の1つ目は「Aに」にあたり，2つ目は「Bを」にあたります。

> 例　He gave me a book.　（彼は私に本をくれました。）
> 　　S　V　O　O
>
> 　　I sent him a picture.　（私は彼に写真を送りました。）
> 　　S　V　O　O
>
> 　　She told me her name.　（彼女は私に名前を教えてくれました。）
> 　　S　V　O　O

5 主語＋動詞＋目的語＋補語（SVOC）

おもに次の動詞がつくる文型です。

> call（～と呼ぶ）　　name（～と名づける）　　make（～にする）

「AをBと呼ぶ」「AをBと名づける」「AをBにする」などと言うときの文型で，主語・動詞・目的語・補語でできています。

「目的語＝補語」の関係になっています。

> 例　We call him Ken.　（私たちは彼をケンと呼びます。）
> 　　S　V　O　C
>
> 　　He named the dog Max.　（彼はその犬をマックスと名づけました。）
> 　　S　V　O　C
>
> 　　The news made me happy.　（その知らせは私を幸せにしました。）
> 　　S　V　O　C

> **発展　SVOCをつくる動詞**
>
> 　次の動詞もSVOCの文型をつくります。
>
> ・keep A B … AをBに保つ，AをBの状態にしておく
> ・find A B … AをBだとわかる
> ・leave A B … AをBのままにしておく

英語の文の基本パターンはこれだけ。動詞と，他の語句との関係に注目しよう。

4 ［復習と整理］形容詞

名詞を修飾する形容詞のいろいろな働きと使い方

> **ここで 学 習 すること**
> ・形容詞は名詞を修飾します。数や量なども表します。
> ・形容詞 some，any は数えられる名詞にも，数えられない名詞にも使えます。
> ・否定文・疑問文ではふつう some ではなく any を使います。
> ・a lot of，many，much など，数や量を表すいろいろな言い方があります。

1 形容詞

形容詞は，名詞を修飾する語です。人やものの様子や状態を表します。

> **例** good（よい）　　big（大きい）　　happy（幸せな）
> 　　　new（新しい）　white（白い）　　all（すべての）　　など

　形容詞は，a big dog（大きな犬）のように名詞の前で使われるほかに，That dog is big.（あの犬は大きい。）のように be 動詞のあとにも使われます。

2 some と any

some は「いくつかの」「いくらかの」という意味で，数えられる名詞の前でも，数えられない名詞の前でも使います。

some のあとに数えられる名詞がくるときには複数形にします。

> **例** 〈数えられる名詞〉　　some books（何冊かの本）
> 　　　〈数えられない名詞〉　some water（いくらかの水）

　否定文・疑問文ではふつう some を使わず，**any** を使います。any は否定文では「1つも（少しも）」，疑問文では「1つでも（少しでも）」という意味です。

　any のあとに数えられる名詞がくるときは，ふつう複数形にします。

> **テストで注意　形容詞の位置**
>
> 　名詞に形容詞をつけるときは，形容詞は名詞のすぐ前におきます。a や my などを使うときは，形容詞はそのあとに入れます。
> ○ a good book
> × *good* a book
> ○ my new car
> × *new* my car
> ○ a big house
> × *big* a house

> some は数えられる名詞にも，数えられない名詞にも使えるよ。

224

例 I have some friends in Australia.
（私はオーストラリアに何人か友達がいます。）
I don't have any friends in Australia.
（私はオーストラリアに１人も友達はいません。）
Do you have any friends in Australia?
（あなたはオーストラリアに（１人でも）友達はいますか。）

3 「たくさんの」「少しの」

「たくさんの」「少しの」は，数えられる名詞と数えられない名詞とで語句を使い分けます。

a lot of は，どちらにも使うことができます。

〈数えられる名詞〉	〈数えられない名詞〉
a lot of books（たくさんの本） many books（たくさんの本） a few books（少しの本）	a lot of water（たくさんの水） much water（たくさんの水） a little water（少しの水）

aがつかない **few**，**little** は「ほとんど（少ししか）ない」という否定的な意味になります。（→p.209）

くわしく manyとmuchの使い分け

数えられる名詞にはmany（多数の）を，数えられない名詞にはmuch（たくさんの）を使います。
- I don't have so many books.
（私はそれほどたくさん本は持っていません。）
- I don't have much money.
（私はあまりお金を持っていません。）

同様に，数えられる名詞にはa few（少数の）を，数えられない名詞にはa little（少量の）を使います。
- I have a few questions.
（少し〈2，3の〉質問があります。）
- There is a little water in the glass.
（コップに少し水が入っています。）

くわしく 否定文のmany, much

manyやmuchは，肯定文よりも否定文や疑問文の中などでよく使われます。
- I don't have much time.
（私にはあまり時間がありません。）

チェック問題

次の（　）内から適するものを選び，○で囲みましょう。

(1) 彼は英語の本をたくさん持っています。
He has (many / much) English books.

(2) 数日後，彼が私の家に来ました。
A (few / little) days later, he came to my house.

(3) 私は少しお金を持っています。
I have (little / a little) money.

(4) 私は東京に友達がいます。
I have (some / any) friends in Tokyo.

解答

(1) many
(2) few
(3) a little
(4) some

［復習と整理］副詞

いろいろな副詞と使い方

・副詞は動詞や形容詞を修飾します。
・alwaysやusuallyはふつう，一般動詞の前，be動詞のあとにおきます。
・yesterdayなどの時を表す副詞や，hereなどの場所を表す副詞の前には前置詞はつけません。

1 副詞とは

副詞は，名詞以外を修飾する語です。

例	now（今）	here（ここに）	well（上手に）
	slowly（ゆっくりと）	hard（一生懸命に）	always（いつも）	など

副詞は，I'm busy <u>now</u>.（私は<u>今</u>，忙しい。）やHe walks <u>slowly</u>.（彼は<u>ゆっくり</u>歩く。），She studies <u>hard</u>.（彼女は<u>一生懸命に</u>勉強します。）のように動詞を修飾したり，文全体に意味をつけ加えたりします。

2 頻度を表す副詞

always（いつも），usually（ふつう，たいてい），often（しばしば），sometimes（ときどき）などの頻度を表す副詞は，一般動詞の文では一般動詞の前におくのが基本です。

always（いつも）	usually（たいてい）
often（よく，しばしば）	sometimes（ときどき）

例	I usually get up at six.	（私はたいてい6時に起きます。）
	He always walks to school.	（彼はいつも学校に歩いて行きます。）

参考 いろいろな副詞

同じ形で，形容詞としても副詞としても使われる語もあります。
・fast（形速い，副速く）
・late（形遅い，副遅く）
また，形容詞にlyをつけると副詞になるものもあります。
・slow（形ゆっくりした）
・slowly（副ゆっくりと）
・careful（形注意深い）
・carefully（副注意深く）
very goodのveryのように，形容詞を修飾する副詞もあります。

くわしく be動詞の文

be動詞の文では，alwaysなどの副詞はbe動詞のあとで使われるのがふつうです。
・He is always late.
（彼はいつも遅刻だ。）

3 　**時を表す副詞**

次の副詞は時を表します。

yesterday（昨日）	today（今日）	tomorrow（明日）
now（今）	then（そのとき）	soon（すぐに）

「〜日に」などと言うとき，Sunday などの名詞の場合には前置詞が必要ですが，副詞には前置詞はつけません。

名詞の場合 … I play tennis <u>on</u> <u>Sunday</u>. 　（前置詞 on が必要）

副詞の場合 … I played tennis <u>yesterday</u>. 　（前置詞をつけない）

4 　**場所を表す副詞**

次の副詞は場所を表します。

here（ここに[で]）	there（そこに[で]）	home（家に[で]）

「〜に」「〜で」などと場所を表すとき，名詞の場合には前置詞が必要ですが，副詞には前置詞はつけません。

名詞の場合は前置詞が必要	副詞には前置詞をつけない
I went <u>to</u> <u>the library</u>. （私は図書館に行きました。）	I went <u>there</u>. （私はそこに行きました。）
I'm <u>in</u> <u>the kitchen</u>. （私は台所にいます。）	I'm <u>here</u>. （私はここにいます。）
He went <u>to</u> <u>school</u>. （彼は学校に行きました。）	He went <u>home</u>. （彼は家に帰りました。）

参考 **too, also の使い方**

too も also も「〜も（また）」という意味を表します。

ふつう，too は文の最後におき，also は一般動詞の前（be 動詞の文の場合は be 動詞のあと）におきます。

「ケンも携帯電話を持っています。」
・Ken has a cell phone, too.
・Ken also has a cell phone.

「ジムもサッカーファンです。」
・Jim is a soccer fan, too.
・Jim is also a soccer fan.

14章／品詞の整理

☑ チェック問題

次の＿＿に適する語を入れましょう。

(1) 亜紀はよくここに来ます。

　　Aki ＿＿＿＿＿＿ comes here.

(2) あなたは何時にそこに着きましたか。

　　What time did you get ＿＿＿＿＿？

解　答

(1) often

(2) there

227

6 ［復習と整理］前置詞

いろいろな前置詞と使い方

> **ここで 学 習 すること**
>
> ・前置詞は〈前置詞＋名詞〉または〈前置詞＋代名詞〉のまとまりで使います。
> ・年・月・季節には in を，日付・曜日には on を，時刻には at を使います。
> ・「〜の中に」のように範囲を表すときには in を，「〜の上に」「〜に接触して」は on を，「〜のところに」のように地点を表すときには at を使います。

1 時を表す前置詞

時を表す前置詞の使い分け		
〜年に 〜月に （季節）に 午前・午後に 〜で，〜後に	in	**in** 2030（2030年に） **in** May（5月に） **in** summer（夏に） **in** the morning（午前に） **in** the afternoon（午後に） **in** ten minutes（10分で，10分後に）
〜日に 〜曜日に	on	**on** May 1st（5月1日に） **on** Sunday（日曜日に）
〜時に	at	**at** 9:15（9時15分に） **at** noon（正午に）
〜の前に 〜のあとに	before after	**before** lunch（昼食前に） **after** dinner（夕食後に）
〜の間（期間）	for	**for** ten minutes（10分間） **for** an hour（1時間〈の間〉） **for** two weeks（2週間〈の間〉）
〜までずっと 〜までに（期限）	until by	**until** noon（正午までずっと） **by** noon（正午までに）

> in, on, at の使い分けをしっかり覚えよう！

✎くわしく untilとbyの使い分け

「〜までずっと」のように，その時までその状態が続いていることを表すときは until を，「〜までに」のように期限を表すときは by を使います。

・I studied until ten.
（私は10時まで勉強しました。）

・Finish your homework by ten.
（10時までに宿題をすませなさい。）

2　場所を表す前置詞

in, on, atの使い分け

～の中に	in	in the box（箱の中に[で]） in the kitchen（台所に[で]） in Japan（日本に[で]）
～の上に ～に接触して	on	on the table（テーブルの上に[で]） on the wall（壁に（くっついて））
～のところに	at	at the door（ドアのところに[で]） at the bus stop（バス停に[で]）

場所を表すその他の前置詞

～の前に	in front of ～
AからBへ	from A to B
AとBの間に	between A and B
（3つ以上）の間に	among ～
～のまわりに	around ～

3　いろいろな前置詞の基本的な意味

of	～の	the name of this flower（この花の名前）
for	～のために	make lunch for him（彼のために昼食を作る）
by	～によって ～で（交通手段）	written by Kumi（久美によって書かれた） travel by bus（バスで旅行する）
with	～といっしょに ～をもった	sing with her（彼女といっしょに歌う） a girl with long hair（長い髪の女の子）
about	～について	talk about him（彼について話す）

参考　場所を表すいろいろな前置詞

・near：「～の近くに」
near my house
（私の家の近くに）

・for：「～行きの」
the train for Tokyo
（東京行きの列車）

・across：「～を横切って」
walk across the street
（通りを横切って歩く）

・along：「～に沿って」
walk along the street
（通りに沿って歩く）

・into：「～の中に」
walk into the room
（部屋の中に歩いて入る）

・over：「（接触せずに）～の上に」「（数値などが）～を超えた」

・under：「（接触せずに）～の下に」「（数値などが）～よりも下の」

くわしく　betweenとamong

「（2つの）間に」と言うときはbetweenを使い、「（3つ以上の）間に」と言うときはamongを使います。

・He is popular among young people.
（彼は若い人達の間で人気があります。）

参考　前置詞のlike

前置詞のlikeは「～のような」「～のように」「～に似た」という意味を表します。

・Ken looks like his father.
（ケンはお父さんに似ています。）

・fly like a bird
（鳥のように飛ぶ）

［復習と整理］冠詞

a（不定冠詞）と the（定冠詞）の使い方

- 冠詞には a, an, the の3つがあります。
- a, an は、どれのことを言っているのか特定していないときに使います。
- the は、どれのことを言っているのか決まっているときに使います。
- go to school や watch TV のように、冠詞をつけない決まった表現があります。

1 a, an の意味と使い方

a は「（ある）1つの」という意味です。母音（アイウエオに近い音）の前では a の代わりに **an** を使います。

a[an]は、どれなのかを特定せずに、「いくつかある中の（どれでも）1つ」と言うときに使います。a[an]をつけることができるのは、数えられる名詞（→ p.218）の単数形だけです。

- **I want a new car.**
  （私は〈あらゆる新しい車の中の、どれでもいいので1台の〉新しい車がほしい。）
- **My mother is a teacher.**
  （私の母は〈世界に何人もいる先生の中の、ある1人の〉先生です。）

> **くわしく ── an を使う場合**
>
> an を使うのは、次にくる語の発音が母音で始まる場合です。つづり字に関係なく発音で決まります。
> - an apple（リンゴ）
> - an hour（1時間）
>
> 名詞の前に形容詞があれば、形容詞の最初の発音で決まります。
> - an old car（古い車）
> - an honest man（正直な男性）

2 the の意味と使い方

すでに一度話に出てきて、「どれのことを言っているのか決まっている」ものには **the** を使います。the は「その」のような意味です。

- **I want the red car.**
  （私は〈さっきの話に出てきた、ほかでもない例のその〉赤い車がほしい。）
- **My mother is the teacher.**
  （私の母が〈さっきの話に出てきた、例のその〉先生です。）

> **参考 〈play the ＋楽器名〉**
>
> 「楽器を演奏する」と言うときは、多くの場合、楽器名の前に the をつけます。
> - play the piano（ピアノを弾く）
>
> また、first, second のような序数にもふつうは the をつけます。

一度話に出てきたものだけでなく，状況からお互いに「どれのことを言っているのか決まっている」場合にも the を使います。

・Please open the door.
（〈あなたの目の前の，その〉ドアを開けてください。）
・My mother is in the kitchen.
（私の母は〈私の家の〉台所にいます。）

もともと1つしかないものにも the を使います。

例　the sun（太陽）　　　　the first train（最初の電車）

3　aもtheもつけない形

「～というもの」という意味で，種類全体をまとめてさすときには，aもtheも使わずに複数形を使うのがふつうです。

・I like cats.　　　　　　（私はねこ〈というもの全般〉が好きです。）
・Elephants drink a lot of water.
（ゾウ〈というもの全般〉はたくさんの水を飲みます。）

次の決まった表現では，aもtheもつけない形が使われます。

・go to school　　　　　（〈通っている〉学校に行く）
・go to bed　　　　　　（寝る，就寝する）
・go to work　　　　　　（職場に行く，出勤する）
・by bus / train / bike　　（〈交通手段〉バス / 電車 / 自転車で）
・watch TV　　　　　　（テレビ〈の番組〉を見る）
・have breakfast / lunch / dinner　（朝食 / 昼食 / 夕食を食べる）

くわしく　theをつける場合

次の場合も「1つ」に決まるので，ふつうtheをつけます。
・最上級
the highest mountain in Japan（日本でいちばん高い山）
・序数
the first train（いちばん最初の電車）

テストで注意　数えられない名詞にaをつけない

water（水）やhomework（宿題）のような数えられない名詞（不可算名詞）には「1つの」を表すa[an]はつけず，複数形にもしません。数えられない名詞にaやanをつけないようにしましょう。
「今日は宿題がありません。」
○I don't have homework today.
×I don't have a homework today.

1 会話とそれに対する質問を聞き、質問に対する答えとしてもっとも適切なものを、ア～ウの中から1つ選びなさい。 ♪01

(1)　ア　She works at a hotel in Ishikawa.

　　イ　She teaches Japanese in the U.S.

　　ウ　She studies American culture in Japan.

(2)　ア　He wants to wear his favorite clothes at school.

　　イ　He doesn't want to wear his favorite clothes at school.

　　ウ　He wants to wear school uniforms.

(3)　ア　She likes winter the best.

　　イ　She likes summer the best.

　　ウ　She likes skiing and snowboarding.

2 英文と、それに対する質問を2つ聞いて、質問に対する答えを英語で書きなさい。 ♪02

(1)　_____

(2)　_____

3 次の（　）内の語を適切な形にしなさい。変える必要がない場合はそのままの形を書きなさい。

Sandy:　Which do you like better, tennis or soccer?

Ken:　　I like tennis better. My brother is on the tennis team and I often (1)(play) with him.

Sandy:　Great. How long has your brother (2)(be) on the tennis team?

Ken:　　More than three years. He started playing tennis when he (3) (be) twelve years old.

(1)_____　　(2)_____　　(3)_____

4 次の英文は，高校生で生徒会広報部のJakeとMikuが，自分の学校の広報活動について話し合っているものです。英文を読んで，質問に答えなさい。

Jake: We want more students here at Megumi High School. What can we do to have more *applicants? Do you have any ideas?

Miku: How about making a video to show the good points of our school? If we *upload it on social media, many junior high school students will hear about us.

Jake: Good idea! A lot of junior high school students watch videos online. Which social media should we use?

Miku: There're two popular services, Humming Bird and Twinkles. Humming Bird is more popular, but we can upload only short videos. To show all the good points of our school, I think we need a long video.

Jake: I don't think junior high school students like watching long videos. I think they like short videos for about 30 seconds or so. We can show the good points in a short time.

Miku: You're right. Actually, my younger sister likes to watch short videos. (2)彼女がスマートフォンで長い動画を見たことはこれまでに一度もありません。

Jake: OK. Let's make a short video and upload it to 　(3)　 .

Humming Bird	Twinkles
・Main users are junior high and high school students ・You can upload only short videos (shorter than 1 min.)	・Popular among people of all ages ・You can upload videos of any *length ・You can add comments to each video

〔注〕applicant：入学志願者　upload：アップロードする　length：長さ

(1) 本文の内容として正しいものを1つ選びなさい。

　ア If you need to upload videos over one minute, you should use Humming Bird.

　イ Miku wants to show good points of her school to people of all ages through Twinkles.

　ウ Jake thinks junior high school students like short videos better.

(2) 下線部の日本語を英語にしなさい。

_____ on her smartphone.

(3) 　(3)　 に入るサービスの名前を，本文中から英語で書き抜きなさい。 _____

比較変化一覧表

おもな形容詞・副詞の比較級・最上級を確認しましょう。不規則な変化形は赤字になっています。

原級	比較級	最上級	原級	比較級	最上級
big （大きい）	bigger	biggest	large （大きい）	larger	largest
broad （幅の広い）	broader	broadest	light （軽い）	lighter	lightest
bright （輝いている）	brighter	brightest	long （長い，長く）	longer	longest
busy （忙しい）	busier	busiest	loud （（声が）大きい）	louder	loudest
cheap （安い）	cheaper	cheapest	lucky （幸運な）	luckier	luckiest
clean （きれいな）	cleaner	cleanest	near （近い）	nearer	nearest
clear （はっきりした）	clearer	clearest	new （新しい）	newer	newest
clever （りこうな）	cleverer	cleverest	nice （すてきな）	nicer	nicest
close （ごく近い）	closer	closest	old （古い，年をとった）	older	oldest
cold （寒い，冷たい）	colder	coldest	poor （貧しい）	poorer	poorest
cool （すずしい）	cooler	coolest	pretty （かわいい）	prettier	prettiest
cute （かわいい）	cuter	cutest	rich （金持ちの）	richer	richest
dark （暗い）	darker	darkest	sad （悲しい）	sadder	saddest
deep （深い）	deeper	deepest	short （短い）	shorter	shortest
early （早く，早い）	earlier	earliest	simple （簡単な）	simpler	simplest
easy （簡単な）	easier	easiest	small （小さい）	smaller	smallest
fast （速く，速い）	faster	fastest	smart （りこうな）	smarter	smartest
few （少しの）	fewer	fewest	soft （やわらかい）	softer	softest
fine （すばらしい）	finer	finest	soon （すぐに）	sooner	soonest
funny （おかしい）	funnier	funniest	strong （強い）	stronger	strongest
great （すばらしい）	greater	greatest	sweet （甘い）	sweeter	sweetest
happy （幸せな）	happier	happiest	tall （（背が）高い）	taller	tallest
hard （熱心に，難しい）	harder	hardest	true （ほんとうの）	truer	truest
heavy （重い）	heavier	heaviest	warm （あたたかい）	warmer	warmest
high （高い，高く）	higher	highest	weak （弱い）	weaker	weakest
hot （熱い，暑い）	hotter	hottest	young （若い）	younger	youngest

● 不規則に変化する語

原級	比較級	最上級
bad （悪い）	worse	worst
far （遠い，遠くに）	farther	farthest
good （よい）	better	best
late （〈順序が〉あとの）	latter	last

原級	比較級	最上級
little （小さい，少ない）	less	least
many （多数の）	more	most
much （多量の）	more	most
well （上手に）	better	best

● more 〜, most 〜 型に変化する語

原級	比較級	最上級
active （活動的な）	more active	most active
beautiful （美しい）	more beautiful	most beautiful
careful （注意深い）	more careful	most careful
carefully （注意深く）	more carefully	most carefully
cheerful （陽気な）	more cheerful	most cheerful
colorful （色彩豊かな）	more colorful	most colorful
convenient （便利な）	more convenient	most convenient
dangerous （危険な）	more dangerous	most dangerous
difficult （難しい）	more difficult	most difficult
easily （簡単に）	more easily	most easily
exciting （わくわくさせる）	more exciting	most exciting
expensive （高価な）	more expensive	most expensive
famous （有名な）	more famous	most famous
important （重要な）	more important	most important
natural （自然の）	more natural	most natural
necessary （必要な）	more necessary	most necessary
peaceful （平和な）	more peaceful	most peaceful
popular （人気のある）	more popular	most popular
quickly （すばやく）	more quickly	most quickly
useful （役に立つ）	more useful	most useful

動詞の語形変化一覧表

重要動詞の過去形，過去分詞を確認しましょう。不規則な変化形は赤字になっています。

原形	過去形	過去分詞	原形	過去形	過去分詞
agree （同意する）	agreed	agreed	enjoy （楽しむ）	enjoyed	enjoyed
answer （答える）	answered	answered	explain （説明する）	explained	explained
arrive （到着する）	arrived	arrived	fall （落ちる）	fell	fallen
ask （たずねる）	asked	asked	feel （感じる）	felt	felt
be （be動詞）	was, were	been	find （見つける）	found	found
become （～になる）	became	become	finish （終える）	finished	finished
begin （始まる）	began	begun	fly （飛ぶ）	flew	flown
borrow （借りる）	borrowed	borrowed	forget （忘れる）	forgot	forgotten
break （こわす）	broke	broken	get （手に入れる）	got	gotten
bring （持ってくる）	brought	brought	give （与える）	gave	given
build （建てる）	built	built	go （行く）	went	gone
buy （買う）	bought	bought	grow （成長する）	grew	grown
call （呼ぶ，電話する）	called	called	happen （起こる）	happened	happened
carry （運ぶ）	carried	carried	have （持っている）	had	had
catch （つかまえる）	caught	caught	hear （聞こえる）	heard	heard
change （変える）	changed	changed	help （助ける，手伝う）	helped	helped
choose （選ぶ）	chose	chosen	hit （打つ）	hit	hit
clean （そうじする）	cleaned	cleaned	hold （持つ，開催する）	held	held
close （閉じる）	closed	closed	hope （望む）	hoped	hoped
come （来る）	came	come	hurry （急ぐ）	hurried	hurried
cook （料理する）	cooked	cooked	introduce （紹介する）	introduced	introduced
cry （泣く，さけぶ）	cried	cried	invent （発明する）	invented	invented
cut （切る）	cut	cut	invite （招待する）	invited	invited
decide （決める）	decided	decided	join （参加する）	joined	joined
die （死ぬ）	died	died	jump （ジャンプする）	jumped	jumped
do （する）	did	done	keep （保つ）	kept	kept
draw （（絵を）描く）	drew	drawn	kill （殺す）	killed	killed
drink （飲む）	drank	drunk	know （知っている）	knew	known
drive （運転する）	drove	driven	learn （習う，覚える）	learned	learned
eat （食べる）	ate	eaten	leave （去る，出発する）	left	left

原形	過去形	過去分詞
like (好きである)	liked	liked
listen (聞く)	listened	listened
live (住む)	lived	lived
look (見る, ～に見える)	looked	looked
lose (失う, 負ける)	lost	lost
love (愛する)	loved	loved
make (作る)	made	made
mean (意味する)	meant	meant
meet (会う)	met	met
miss (のがす)	missed	missed
move (動かす)	moved	moved
name (名づける)	named	named
need (必要とする)	needed	needed
open (開ける)	opened	opened
paint ((絵の具で)描く)	painted	painted
plan (計画する)	planned	planned
play ((スポーツを)する)	played	played
practice (練習する)	practiced	practiced
put (置く)	put	put
read (読む)	read [レッド]	read [レッド]
receive (受け取る)	received	received
remember (覚えている)	remembered	remembered
return (帰る)	returned	returned
ride (乗る)	rode	ridden
run (走る)	ran	run
save (救う)	saved	saved
say (言う)	said	said
see (見える, 会う)	saw	seen
sell (売る)	sold	sold
send (送る)	sent	sent
show (見せる)	showed	shown
sing (歌う)	sang	sung
sit (すわる)	sat	sat
ski (スキーをする)	skied	skied

原形	過去形	過去分詞
sleep (眠る)	slept	slept
smell (～のにおいがする)	smelled	smelled
sound (～に聞こえる)	sounded	sounded
speak (話す)	spoke	spoken
spend (過ごす)	spent	spent
stand (立つ)	stood	stood
start (始める)	started	started
stay (滞在する)	stayed	stayed
stop (止める)	stopped	stopped
study (勉強する)	studied	studied
swim (泳ぐ)	swam	swum
take (取る)	took	taken
talk (話す, しゃべる)	talked	talked
taste (～の味がする)	tasted	tasted
teach (教える)	taught	taught
tell (伝える, 言う)	told	told
think (思う, 考える)	thought	thought
touch (さわる)	touched	touched
try (やってみる)	tried	tried
turn (曲がる)	turned	turned
understand (理解する)	understood	understood
use (使う)	used	used
visit (訪問する)	visited	visited
wait (待つ)	waited	waited
walk (歩く)	walked	walked
want (ほしがる)	wanted	wanted
wash (洗う)	washed	washed
watch (見る)	watched	watched
wear (着ている)	wore	worn
win (勝つ)	won	won
wish (願う)	wished	wished
work (働く)	worked	worked
worry (心配する)	worried	worried
write (書く)	wrote	written

動詞の語形変化一覧表

解答と解説

1章 現在形（中1の復習）

1 (1) イ　(2) ウ　(3) エ　(4) ア　(5) ア

解説 ……………………………………
(2) 主語が複数のとき，be動詞の現在形はare。　(3) 一般動詞の現在の否定文。主語が複数なのでdon't。
(4) 否定文では一般動詞は原形。

2 (1) has　(2) play　(3) watches　(4) studies

3 (1) is　(2) don't　(3) How　(4) Where
　　(5) How many

解説 ……………………………………
(1) 答えの文でもbe動詞を使う。　(2) Yes, I do. か No, I don't. で答える。　(3)「元気ですか（気分はどうですか）。」　(4)「彼女はどこに住んでいますか。」　(5)「あなたはまんが本を何冊持っていますか。」

4 (1) isn't, from　(2) What's, It's
　　(3) don't, know　(4) Does

解説 ……………………………………
(2) that new buildingは答えの文ではitで受ける。

5 (1) I'm a junior high school student.
　　(2) When is your birthday?
　　(3) He listens to music after (dinner.)
　　(4) What time does your father get up?

解説 ……………………………………
(4) What time（何時）が疑問文の最初にくる。

6 (1) This is a letter from my friend.
　　(2) He doesn't speak Japanese.
　　(3) What do you do after school?

解説 ……………………………………
(1)「～からの手紙」はa letter from ～で表す。　(2)

doesn'tのあとの動詞は原形。　(3)「あなたたち」はyouで表せる。

2章 過去形

1 (1) ウ　(2) ウ

解説 ……………………………………
♪読まれた音声 Hi, I'm Takeshi.　I went shopping with my family yesterday.　I bought some comic books.　After that, we went to the movie theater.　The movie was exciting.（こんにちは，武です。私はきのう家族と買い物に行きました。私は何冊かまんが本を買いました。そのあとで，私たちは映画館に行きました。映画はわくわくしました。）
(1) What did Takeshi buy yesterday?（きのう武は何を買いましたか。）— ウ「彼はまんが本を買いました。」
(2) How was the movie?（映画はどうでしたか。）— ウ「わくわくしました。」

2 (1) were　(2) was　(3) was　(4) Were

解説 ……………………………………
be動詞の過去形は，主語がIまたは3人称単数のときはwas，youまたは複数のときはwereを使う。

3 (1) listened　(2) had　(3) wrote

4 (1) got, up　(2) washed
　　(3) Who, talked[spoke]　(4) Where, were

解説 ……………………………………
(3)「だれが～しましたか。」という疑問詞Whoが主語の文。Whoのあとに動詞の過去形を続ければよい。

5 (1) オ　(2) ウ　(3) イ　(4) エ

C. I was reading a book.（本を読んでいました。）

2 (1) was (2) making (3) raining (4) sitting

3 (1) was, reading (2) Was, washing
(3) he, wasn't (4) What, were

4 (1) I was waiting for my sister (then.)
(2) He was talking with Mr. Smith (then.)
(3) Were you doing your homework (then?)
(4) We were not playing soccer (then.)
(5) What was your mother making (then?)

解説 ....
(1) did が不要。 (2) were が不要。 (3) did が不要。
(4) did が不要。 (5) were が不要。

5 (1) I was thinking about[of] my future.
(2) She was driving (a car) (then).

解説 ....
(1)「～について考える」は think about[of] ～。 (2)「運転しているところだった」と考える。「（車を）運転する」は drive (a car)。

6 (例) I was watching TV (then).

解説 ....
「あなたはきのうの午後9時に何をしていましたか。」の問い。過去進行形で答える。ほかに I was doing my homework (then).（私は宿題をしていました。）など。

解説 ....
(1)「だれがあの窓を開けましたか。」「私の母が開けました。」 (2)「あなたたちはきのう忙しかったですか。」「はい、忙しかったです。」 (3)「そのときブラウンさんはどこに住んでいましたか。」「ニューヨークです。」 (4)「去年あなたの英語の先生はだれでしたか。」「林先生でした。」

6 (1) What time did you go to bed (last night?)
(2) What did his mother make (yesterday?)

7 (1) He was a good student.
(2) How long were you in Canada?

解説 ....
(2)「どのくらい～」と期間をたずねるときは How long ～? を使う。

8 (例) It was sunny (yesterday).

解説 ....
「あなたの市のきのうの天気はどうでしたか。」の問い。It was のあとに sunny（晴れた）, cloudy（くもりの）, rainy（雨の）などを使って答えることができる。

3章 過去進行形

定期テスト予想問題 ③　　　　　p.65

1 (1) B (2) A

解説 ....
(1) ♪読まれた音声 What were you doing around eight last night, Alex?（昨夜の8時ごろは何をしていましたか、アレックス。）
A. I was doing my homework.（宿題をしていました。）
B. I was watching TV.（テレビを見ていました。）
C. I was talking with my sister.（姉と話していました。）
(2) ♪読まれた音声 What were you doing around eight last night, Miho?（昨夜の8時ごろは何をしていましたか、美穂。）
A. I was having dinner with my family.（家族と夕食を食べていました。）
B. I was taking a bath.（おふろに入っていました。）

4章 未来の表し方

定期テスト予想問題 ④　　　　　p.79

1 (1) イ (2) ア

解説 ....
(1) ♪読まれた音声 A: Hi, Jim. What are you doing here?（こんにちは、ジム。ここで何をしているの。）
B: I'm waiting for a bus.（バスを待っているんだ。）
A: Where are you going?（どこに行くの。）
B: I'm going to the concert hall near the station. My favorite artist is going to play there this afternoon.（駅の近くのコンサートホールに行くん

だ。ぼくの大好きなアーティストが今日の午後，そこで演奏するんだよ。）

Question: What is Jim going to do this afternoon?（ジムは今日の午後，何をするつもりですか。）

(2) ♪読まれた音声 A: Are you free tomorrow, Jennifer?（明日はひま，ジェニファー？）

B: Well, I have tennis practice in the morning, but I'll be free after that.（ええと，朝はテニスの練習があるんだけど，そのあとはひまよ。）

A: Andy and I are going to see a movie tomorrow afternoon. Can you come?（明日の午後，アンディーとぼくで映画を見に行くんだ。来られる？）

B: Yes.   Sounds great.（うん。いいわね。）

Question: What will Jennifer do tomorrow afternoon?（ジェニファーは明日の午後，何をしますか。）

2 (1) ア (2) ウ (3) ア (4) ウ

3 (1) will, be (2) won't, do (3) Are, going

4 (1) I, am (2) When, will

解説 ···
(1)「学校に歩いて行くつもりですか，健。」「はい，そうです。」 (2)「あなたはいつサンフランシスコに出発しますか。」「来週の日曜日に出発します。」

5 (1) Yes, I am. (2) No, I'm[I am] not.
  (3) I'm going to go to the library.
  (4) I'm going to go to the park.

解説 ···
(1)「月曜日に図書館に行くつもりですか。」「はい，そうです。」 (2)「金曜日にテニスをするつもりですか。」「いいえ，ちがいます。」 (3)「明日は何をするつもりですか。」「図書館に行くつもりです。」 (4)「水曜日には何をするつもりですか。」「公園に行くつもりです。」

5章 助動詞

定期テスト予想問題 ⑤
p.97

1 (1) Shall (2) May (3) Would (4) Must

2 (1) has, to (2) must, not (3) Shall, go
  (4) must, be (5) may, not (6) Does, have, to

3 (1) イ (2) エ (3) ウ (4) ア

解説 ···
(1)「私はここで待たなければなりませんか。」「はい，そうです。」 (2)「座ってもよろしいですか。」「もちろん。」 (3)「今行かなければなりませんか。」「いいえ，その必要はありません。」 (4)「彼を呼びましょうか。」「はい，お願いします。」

4 (1) Jenny had to make breakfast (yesterday.)
  (2) Does Jim have to go (now?)

解説 ···
(1)「ジェニーは昨日，朝食を作らなければなりませんでした。」「～しなければならなかった」は had to ～ で表す。   (2) have[has] to ～の疑問文は Do[Does] … have to ～? の形。

5 (1) (You) must not tell a lie (.)
  (2) (You) don't have to come with me (.)

解説 ···
(1) not を補う。   (2) don't を補う。

6 (1) Shall I help you?
  (2) May I use your dictionary?
  (3) Would you open the window(s) ?

6章 There is ～.

定期テスト予想問題 ⑥
p.109

1 (1) ア (2) イ (3) ア

解説 ···
(3) water は数えられない名詞なので is を使う。

2 (1) There, isn't (2) I, am, near
  (3) Are, there, any (4) there, aren't
  (5) There, were, many

3　(例) (1) この本にはおもしろい物語がのっています。
　(2) あなたの町には図書館がありましたか。
　(3) 9月は何日ありますか。
　(4) この箱にはどのくらい[いくら]お金が入って
　　 いましたか。

4　(1) are, houses　(2) not, any
　(3) There, are, in　(4) There, aren't, any

解説
(1) 複数のときはareを使う。　(2) no ～はnot any ～
でも同じ内容を表せる。　(3) There are ～.を使って
表せる。　(4) someは否定文ではanyを使う。

5　(1) There are a lot of children in the park.
　(2) There was not any water in the bottle.
　(3) My bike is near that big tree.

解説
(1) hasが不要。　(2) 否定文ではふつうsomeのかわり
にanyを使う。someが不要。　(3)「私の自転車」の
ような特定のものが「ある」と言うときはThere is
～.は使わない。thereが不要。

6　(1) There isn't a TV in my room.
　(2) How many students are there in your
　　 school?

解説
(1) I don't have a TV in my room.でも表せる。　(2)
studentsと複数形にすることに注意。

---

7 章　動詞と文型

定期テスト予想問題 ⑦
p.125

1　(1) ウ　(2) ウ

解説
(1) 動詞の目的語なので目的格に。　(2) show me itと
はふつう言わない。show it to meの語順になる。

2　(1) looks, like　(2) looked, busy
　(3) became[got], popular
　(4) got[became], angry

3　(1) エ　(2) ウ

解説
(1)「マイクは私に彼の写真を見せました。」「～に」
「～を」の順で目的語が続くエ「私は彼女に水をあげ
ました。」が同じ文型。　(2)「それはおもしろそうに
聞こえます。」形容詞が主語とイコールの関係になっ
ているウ「デイビッドはとても疲れているように見え
ます。」が同じ文型。

4　(1) (I'll) give them these apples(.)
　(2) They call this cat Mimi.

5　(1) tell[show], me
　(2) turn, right

解説
「駅までの道を教えてくれますか。」「はい。まっすぐ
行って銀行で右にまがってください。」の会話。

6　(1) English, to, us　(2) me, a, camera
　(3) teaches, you

7　(1) ナンシーはすぐによくなりました。
　(2) 私は彼に誕生日プレゼントを送ります。
　(3) あなたのメールアドレスを教えていただけま
　　 すか。

8　(1) We call this mountain Mt. Everest.
　(2) May I ask you a question?

---

8 章　〈to＋動詞の原形〉

定期テスト予想問題 ⑧
p.138

1　(1) ア　(2) ア　(3) イ　(4) ウ

解説
(2)「トランプをするのはとても楽しい。」動名詞の主
語playing cards（トランプをすること）は単数。
(4)「～し終える」はfinish ～ingで表す。

2　(1) work, to, do　(2) happy[glad], to
　(3) listening, to　(4) to, see[meet]

3 (1) to, swim　(2) to, do
　　(3) enjoyed, playing　(4) to, eat

4 (1) Ⓐ 映画に行くのが好きです
　　　Ⓑ 映画に行きたいです
　　(2) Ⓐ 彼女と話すのをやめました
　　　Ⓑ 彼女と話すために立ち止まりました

解説 ⋯⋯⋯⋯⋯⋯⋯⋯⋯⋯⋯⋯⋯⋯⋯⋯⋯⋯⋯⋯⋯
(1) like to ～ は「～するのが好きだ」，would like to ～ は「～したい」という意味。　(2) stop ～ing は「～するのをやめる」。stop to ～ だと「～するために止まる[立ち止まる]」という意味になる。

5 (1) some pictures to show you
　　(2) want something hot to drink

解説 ⋯⋯⋯⋯⋯⋯⋯⋯⋯⋯⋯⋯⋯⋯⋯⋯⋯⋯⋯⋯⋯
(1) want が不要。　(2) something hot to drink で「何か熱い飲み物」の意味。water が不要。

6 (1) Why did you go there?
　　　— To buy some books[a book].
　　(2) I'll finish reading this book in two hours.

7 （例）(1) I want to live in Hokkaido.
　　(2) (Because) I like skiing a lot(.)

解説 ⋯⋯⋯⋯⋯⋯⋯⋯⋯⋯⋯⋯⋯⋯⋯⋯⋯⋯⋯⋯⋯
例は「私は北海道に住みたい。スキーが大好きだから。」の文。ほかに，I want to go to space. (Because) I want to see the earth from space(.)（私は宇宙に行きたい。宇宙から地球を見たいから。）など。

9 章 接続詞

定期テスト予想問題 ⑨　　　　　　　p.152

1 (1) and　(2) When　(3) If
　　(4) because　(5) when, called

2 (1) be happy if you visit them
　　(2) Do you think that she likes

3 （例）(1) What do you do when you are free?
　　(2) I'll stay home if it's rainy tomorrow[if it rains tomorrow].

解説 ⋯⋯⋯⋯⋯⋯⋯⋯⋯⋯⋯⋯⋯⋯⋯⋯⋯⋯⋯⋯⋯
(1)「～のとき」を表す接続詞 when を使う。　(2) if のあとでは未来のことでも現在形で表す。

10 章 比較

定期テスト予想問題 ⑩　　　　　　　p.169

1 (1) C　(2) B

解説 ⋯⋯⋯⋯⋯⋯⋯⋯⋯⋯⋯⋯⋯⋯⋯⋯⋯⋯⋯⋯⋯
(1) ♪読まれた音声 A. Jim is taller than Ayumi. （ジムはあゆみよりも背が高い。）　B. Ayumi is the tallest of the three. （あゆみは3人の中でいちばん背が高い。）　C. Ayumi is taller than Jim. （あゆみはジムよりも背が高い。）
(2) ♪読まれた音声 A. Kenji's dog is the biggest of the three. （健二の犬は3びきの中でいちばん大きい。）B. Amy's cat is smaller than Kenji's dog. （エイミーのねこは健二の犬よりも小さい。）　C. Kenji's dog is bigger than Yuki's dog. （健二の犬は由紀の犬よりも大きい。）

2 (1) larger, largest　(2) bigger, biggest
　　(3) happier, happiest　(4) more, most
　　(5) more important, most important

3 (1) ア　(2) ウ　(3) イ　(4) ウ　(5) ウ

4 (1) smaller　(2) best　(3) youngest　(4) easier
　　(5) earliest　(6) longer

5 (1) the, longest, in　(2) as, as
　　(3) the, hardest, in　(4) colder, than
　　(5) better, or　(6) as, large[big], as

6 (1) My room is larger than this one.
　　(2) This book is the most interesting of all.
　　(3) What sport do you like the best?

11章 受け身

　　　　　　p.183

1　(1) loved, loved　(2) saw, seen
　　(3) made, made　(4) read, read

解説 ⋯⋯⋯⋯⋯⋯⋯⋯⋯⋯⋯⋯⋯⋯⋯⋯⋯
(4) read はつづりは同じだが発音が変わる。

2　(1) Is, opened　(2) was used
　　(3) Are, these, read　(4) When, was, built

3　(1) is, spoken, by　(2) wasn't, read
　　(3) Were, they, him

4　(1) I was often helped by her.
　　(2) What language is spoken in Canada?
　　(3) These tables are made in China.

解説 ⋯⋯⋯⋯⋯⋯⋯⋯⋯⋯⋯⋯⋯⋯⋯⋯⋯
(1) helped, (2) is, (3) made をそれぞれ補う。

5　(1) they, weren't　(2) It, was, built

6　(1) This book was written by a famous singer.
　　(2) These pictures were taken by my mother.

7　(1) Comic books are not sold (at that store.)
　　(2) (Tokyo Tower) was built in 1958(.)
　　(3) (This computer) is used in many[a lot of]
　　　 countries(.)

入試レベル問題

p.232〜233

1　(1) イ　(2) ア　(3) ア

解説 ⋯⋯⋯⋯⋯⋯⋯⋯⋯⋯⋯⋯⋯⋯⋯⋯⋯
♪読まれた音声 (1) A: Hi, Kenta. How was your winter vacation? ／ B: Hi, Jane. It was great! My sister came back to Japan and we went to Ishikawa with my parents.

A: Sounds great. By the way, I didn't know you had a sister. ／ B: She lives in California. She teaches Japanese there.
Question: What does Kenta's sister do?
(2) A: Hi, Karen. What are you reading? ／ B: Hi, Takuya. I'm reading an article about school uniforms. It says many people in Japan think that high school students should wear school uniforms. ／ A: I don't agree. I want to wear my favorite clothes at school.
Question: What is Takuya's opinion?
(3) A: Which season do you like the best, Akira? ／ B: I like summer the best. I like swimming. Summer is the best season to go swimming. How about you, Judy? ／ A: I like winter the best because I like winter sports such as skiing and snowboarding.
Question: Which season does Judy like the best?

2　(1) It was rainy.[It rained (a lot).]
　　(2) It will be sunny.

♪読まれた音声 Good morning, listeners. It's seven in the morning on Sunday, November 21. Now the weather. Here in Tokyo, it rained a lot last night. It's still cloudy and a little cold right now. But in the afternoon, it'll be sunny and warm.
No. 1: How was the weather in Tokyo last night?
No. 2: How will the weather be in Tokyo this afternoon?

3　(1) play　(2) been　(3) was

4　(1) ウ
　　(2) She has never watched[seen] a long video [long videos] (on her smartphone.)
　　(3) Humming Bird

解説 ⋯⋯⋯⋯⋯⋯⋯⋯⋯⋯⋯⋯⋯⋯⋯⋯⋯
(1) ジェイクは3回めの発言で「中学生が長い動画を好きだとは思わない」と指摘している。
(3) 中高生に人気があり,短い動画をアップロードできる Humming Bird が適切。

さくいん

さくいん

カバーイラスト・マンガ	くじょう
ブックデザイン	next door design（相京厚史，大岡喜直）
	株式会社エデュデザイン
本文イラスト	加納徳博，平澤南，テンキ，ヨシムラヨシユキ
録音	（財）英語教育協議会（ELEC）
ナレーション	Dominic Allen, Jennifer Okano
英文校閲	Joseph Tabolt
編集協力	株式会社エデュデザイン
	半田智穂，小縣宏行，村西厚子，甲野藤文宏，森田桂子，今居美月，敦賀亜希子，佐藤美穂，渡辺泰葉，秋下幸恵
マンガシナリオ協力	株式会社シナリオテクノロジー ミカガミ
データ作成	株式会社明昌堂
	データ管理コード：19-1772-4325（CC2020）
製作	ニューコース製作委員会
	（伊藤なつみ，宮崎純，阿部武志，石河真由子，小出貴也，野中綾乃，大野康平，澤田未来，中村円佳，渡辺純秀，相原沙弥，佐藤史弥，田中丸由季，中西亮太，髙橋桃子，松田こずえ，山下順子，山本希海，遠藤愛，松田勝利，小野優美，近藤想，中山敏治）

＼ あなたの学びをサポート！／

家で勉強しよう。
学研のドリル・参考書

URL　　https://ieben.gakken.jp/

Twitter　@gakken_ieben

読者アンケートのお願い

本書に関するアンケートにご協力ください。右のコードか URL からアクセスし，アンケート番号を入力してご回答ください。当事業部に届いたものの中から抽選で年間 200 名様に，「図書カードネットギフト」500 円分をプレゼントいたします。

アンケート番号：305213

https://ieben.gakken.jp/qr/nc_sankou/

学研ニューコース　中 2 英語

この本は下記のように環境に配慮して製作しました。
●製版フィルムを使用しない CTP 方式で印刷しました。
●環境に配慮して作られた紙を使っています。